AF476500

EXTRAITS

DES ACTES AUTHENTIQUES

CONCERNANT LE

CANAL DES ALPINES

Publiés en réponse aux prétentions des arrosants
de la Branche de Lamanon

PAR

V. COURTET DE L'ISLE

V

PARIS
IMPRIMERIE DE GUIRAUDET ET JOUAUST
RUE SAINT-HONORÉ, 338

1858

73832

1859

EXTRAITS

DES ACTES AUTHENTIQUES

CONCERNANT LE

CANAL DES ALPINES

PREMIÈRE PÉRIODE

CRÉATION DU CANAL POUR CONDUIRE LES EAUX DE MALLEMORT A TARASCON

Un grand canal était en projet depuis des siècles, pour arroser l'immense plaine de l'ancienne Provence, qui formait la circonscription de la Viguerie de Tarascon, et qui comprend aujourd'hui toute la zone septentrionale du département des Bouches-du-Rhône, entre la rive gauche de la Durance et la chaîne des Alpines.

Dans les anciennes transactions intervenues entre les communes d'Arles et de Tarascon, nous voyons apparaître, dès le commencement du XVIIe siècle, en 1619 notamment, le projet de ce canal, comme devant prendre ses eaux à la Durance, à Orgon, au lieu dit *la Glacière*, pour les déverser sur les terres de Tarascon et d'Arles.

De 1640 à 1645, dans les archives de la municipalité de Tarascon, nous voyons le même projet se reproduire officiellement sous le patronage de madame la duchesse de Guise, propriétaire de vastes domaines à Orgon et à Eygalières, et appeler, par l'entremise de son représentant M. Duperrier, le concours financier de la ville.

Depuis ce temps, abandonné, repris, renouvelé sous des formes diverses, le même projet fut enfin adopté en 1772 par la province elle-même comme un des plus grands bienfaits dont pût être doté le pays tout entier.

L'Etat ayant accordé une remise d'impôt pour former un fonds destiné à l'exécution de travaux d'utilité publique, l'assemblée générale des Etats de Provence, sous la présidence de l'archevêque d'Aix, monseigneur de Boisgelin, décida que les sommes provenant de cette remise seraient consacrées à l'ouverture du canal projeté, et, par reconnaissance pour son fondateur, déclara que ce grand ouvrage s'appellerait *Canal de Boisgelin.*

La prise d'eau, au lieu d'être établie sur le point antérieurement indiqué du territoire d'Orgon, fut, sur la proposition du marquis de Pennes, projetée à Mallemort; et l'ingénieur Brun en dressa les plans dans des dimensions propres à assurer un débit minimum de 60 moulans, représentant environ 16 mètres cubes d'eau par seconde (1).

Un arrêt du Conseil du 3 avril 1773, consacrant ce grand résultat, déclara, dans un de ses considérans, que « Le canal d'arrosage serait tiré de la Durance près le village de Mallemort, « pour conduire ses eaux *dans le terroir de presque toutes les communautés de la Viguerie de Ta-« rascon.* » Il est dit dans le dispositif, que « Sa Majesté étant en son Conseil, a approuvé et au-« torisé, approuve et autorise la construction du *canal projeté de Mallemort à Tarascon.* »

Par le même arrêt, « Sa Majesté autorise pareillement les procureurs du pays à vendre aux « différentes communautés *riveraines dudit canal,* les moulans d'eau dont elles auront besoin ; « comme aussi autorise lesdites communautés à en faire la vente et distribution aux différents « propriétaires, fermiers et possesseurs quelconques *des terres de leur territoire,* aux prix qui « seront réglés par les procureurs dudit pays (2). »

Deux faits principaux ressortent de ces préliminaires :

Le premier, c'est que les fonds qui ont servi à la construction du canal étaient des fonds propres à la province, perçus sur elle, et à elle remis pour l'exécution des ouvrages d'utilité publique dont le bienfait lui était spécialement réservé ;

Le second, c'est que leur destination exclusive était la construction du canal projeté *de Mallemort à Tarascon.*

DEUXIEME PÉRIODE

CRÉATION DE LA BRANCHE SECONDAIRE DE LAMANON

Le canal s'entreprend ainsi avec l'élan des sympathies publiques.

« Les 600 premières toises, dit M. le président Cappeau, furent délivrées en 1773. Dix « ans après, les eaux coulaient jusqu'à Orgon, au delà de la mine... (3). »

(1) Le moulan est une mesure locale qui représente le débit de 265 litres, ou plus exactement 0 mèt. 26565 cubes par seconde.

(2) Voir le texte entier de l'arrêt, dans notre *Collection des titres officiels du canal des Alpines*, d'après l'original déposé aux archives de l'État, hôtel de Soubise, à Paris.

(3) *De la Compagnie des Alpines, d'Istres et Entressens*, page 4, Aix, 1817.

Voici comment les faits de cette période sont exposés dans un rapport officiel :

« Les travaux de construction, commencés en 1773, furent poussés avec la plus grande ac-
« tivité jusqu'en 1784, époque de leur suspension définitive, qui fut causée : 1° par l'obligation
« imposée aux ingénieurs de percer la montagne d'Orgon, que l'on pouvait contourner. Cette
« opération a coûté 750,000 fr. 2° par la sollicitation des communes d'Eyguières, Salon, Saint-
« Chamas, Istres, Arles, etc., qui, souffrant de l'insuffisance des eaux de Craponne pour l'irri-
« gation de leurs campagnes, parvinrent à obtenir de l'administration que l'on emploierait une
« partie des fonds destinés à la construction du canal des Alpines, pour amener dans la Crau
« une partie de ses eaux.

« Cette dérivation, qui prive le canal des Alpines d'un volume d'eau de 6 kilolitres 3/4
« (6 m. 750 c.) d'eau par seconde, et qui est connue sous le nom de canal de Lamanon, parce
« que c'est sous ce village que se fait le partage des eaux entre les communes intéressées, est
« entièrement terminée. Elle a coûté 502,000 fr.

« La branche principale du canal des Alpines, celle dont la destination primitive était de
« porter les eaux d'arrosage sur le territoire des communes de Senas, Orgon, Eygalières, Saint-
« Rémy, Cabanes, Saint-Andiol, Mollegès, Noves, Eyragues, Rognonas, Barbentane, Boulbon,
« Graveson, Maillane, Tarascon, Le Mas-Blanc et Lansac, n'a été ouverte que sur 18,543
« mètres de longueur, depuis la prise d'eau jusqu'à la sortie du percé d'Orgon qui a 335
» mètres de longueur. L'exécution de cette première partie à coûté 1,252,000 fr... » (1).

Par ce court exposé on voit qu'un fait nouveau s'est produit : c'est la demande des communes de la région de la Crau, au midi de la chaîne des Alpines, à l'effet d'obtenir une dérivation pour conduire vers Lamanon les eaux du canal créé pour les conduire dans une direction opposée.

Un mémoire, imprimé en 1782, fut adressé, sous forme de pétition, aux administrateurs de la province, par les représentants des communes d'Istres, Saint-Chamas, Grans, Eyguières, Miramas et le corps d'Entressens. Ce mémoire constate ce qui suit, relativement au canal, au moment où ces communes firent la demande de leur dérivation :

« Déjà, disent les pétitionnaires, le canal de Boisgelin, émule de celui de Craponne, a fran-
« chi les plus grands obstacles. Déjà la montagne d'Orgon percée met à même la Viguerie de
« Tarascon de profiter de l'avantage d'avoir de l'eau abondamment pour arroser ses vastes
« domaines (2). »

C'est donc le succès assuré, quoique partiel encore, de cette première création, qui excite

(1) Mémoire de M. Garella, ingénieur en chef, à l'appui des projets présentés le 25 mars 1820, sur lesquels a été rendue la loi de concession du 7 juin 1826.

(2) Ce mémoire imprimé doit être déposé dans beaucoup de bibliothèques. Nous l'avons trouvé dans les archives de l'Etat.

les communes de la région méridionale à demander l'ouverture d'une dérivation pour leur usage; et monseigneur de Boisgelin, au nom des Etats de Provence, réclame, par dépêche du 13 janvier 1783, un nouvel arrêt du Conseil pour autoriser la dérivation sollicitée. Après avoir exposé que le canal est largement entrepris; que sa prise d'eau est construite; qu'il doit traverser 22 communes pour aller porter la fertilité de Mallemort à Tarascon, il ajoute:

« Un grand nombre de communautés, *qui ne se trouvent point sur son passage*, demandent « des eaux que nous pouvons leur fournir; et *ces communautés ne sont point comprises parmi* « *celles qui sont dénommées dans l'arrêt du Conseil par lequel l'entreprise de la province est* « *autorisée.* »

Il met en conséquence sous les yeux du ministre les différentes pièces nécessaires pour l'obtention du nouvel arrêt du Conseil, et le prie de ne point différer ses décisions, parce que, dit-il, « nous n'attendons que l'autorisation du roi pour commencer la nouvelle branche de dérivation (1). »

Un mois après cette dépêche, l'arrêt du Conseil était rendu. Il était rendu, à la date du 20 février 1783, pour autoriser « les procureurs du pays de Provence à faire construire des ca- « naux particuliers de dérivation du canal de Boisgelin, et les conduire dans les terrains qui « seront pour ce nécessaires, *même dans l'étendue des terres adjacentes*, à charge d'indemniser « les propriétaires des terrains qui seront pris pour l'emplacement des canaux de dérivation, « en la même forme qu'il en a été usé pour les indemnités des terrains occupés PAR LE GRAND « CANAL, depuis Mallemort jusqu'à Orgon (2). »

Voilà comment le grand canal reste toujours distinct des dérivations particulières qui y seront rattachées; voilà comment les nombreuses communes de la Viguerie de Tarascon restent les seules bénéficiaires du titre primitif, sans que rien affecte leur droit sur la prise en Durance et sur l'usage privilégié de ses eaux, que ce titre leur garantit.

Dans une délibération de l'assemblée générale des Etats de Provence du 7 décembre 1783, on lit ces mots:

« Les travaux de la dérivation vont commencer. Ils sont évalués à 300,000 livres environ. « *Avant trois ans, les eaux couleront à Lamanon.* On jouira dès lors de cette partie importante « du canal, parce que les communautés sont obligées de faire faire leurs canaux particuliers, « à mesure que le Pays la branche de Lamanon. — Pendant les trois ans nécessaires pour « porter l'eau dans les nouvelles contrées où on l'appelle, la première branche du canal Bois- « gelin ne sera pas inutile. *Les eaux coulent jusqu'à Orgon*, et divers particuliers, *à qui nous* « *avons vendu un moulan d'eau et un sixième*, vont les conduire au delà de la Mine, où cette

(1) L'original de cette pièce est aux mêmes archives.
(2) *Id.* — Voir le texte entier de l'arrêt dans notre collection de titres officiels.

« branche est maintenant arrêtée. Ainsi les arrosages se multiplieront de tous les côtés.. (1) »

Conformément à ces prévisions, « les eaux coulèrent dans la dérivation de Lamanon en « 1787..... La province l'avait fait construire pour porter 30 moulans d'eau (2). »

Mais nous avons déjà remarqué que le canal proprement dit avait été, comme la prise, construit pour 60 moulans. (16 mètres cubes environ par seconde.)

Ces faits une fois accomplis, la Révolution mit obstacle à la reprise des travaux arrêtés à Orgon. La propriété du canal, en vertu de la loi du 18 avril 1791, passa de la province au domaine de l'Etat. Le nom même du vénérable prélat qui avait été gravé sur la pierre de l'arche principale du pont faisant suite à la prise, dut être rayé de ce frontispice, et par décret du 8 décembre 1791, le canal prit le nom de *Canal des Alpines*.

Plusieurs points importants ressortent des actes de cette seconde période :

Le premier est que l'embranchement de Lamanon n'est qu'une addition secondaire au *grand canal* de Mallemort à Tarascon.

Le deuxième est que le nouvel arrêt du Conseil, rendu dix ans après le premier, pour autoriser la construction des canaux particuliers destinés à faire suite à cet embranchement, ne fait aucune novation au titre originaire du canal, dont l'objet reste toujours le même, avec l'ensemble de ses droits supérieurs et antérieurs.

Le troisième enfin est que, par ordre d'importance comme par ordre de date, par la priorité de fait qui résulte de l'exécution comme par la priorité de droit qui résulte du titre, le canal passe avant la dérivation, comme le tronc avant les branches, et que, pour l'établissement de leurs droits respectifs, le canal, en vertu de son titre de 1773, prend naissance à la Durance, tandis que la dérivation ne prend naissance qu'au canal, tandis que les canaux particuliers, autorisés en 1783, ne prennent naissance qu'au bassin faisant suite à la dérivation.

TROISIEME PÉRIODE

DISTRIBUTION DES EAUX ET ORGANISATION DU RÉGIME DU CANAL ET DE SES DÉRIVATIONS

Nous avons vu que, bien longtemps avant la construction de la dérivation de Lamanon, les eaux coulaient dans le canal jusques après le percé d'Orgon et avaient fait l'objet de ventes à des tiers. Mais c'est ici le lieu d'examiner le texte de ces ventes et de résoudre en fait plusieurs questions devenues aujourd'hui l'objet d'une ardente controverse :

1° Les ventes faites aux riverains pour leur conférer l'usage des eaux, soit sur le canal pro-

(1) Registre des délibérations de l'Assemblée générale des communautés de Provence. Archives de la Préfecture.

(2) *Sic* dans une délibération des Etats, du 30 décembre 1787. Cappeau, pag. 16 et 20.

prement dit, soit au bassin de Lamanon à l'extrémité de la dérivation, impliquent-ils, en cas de pénurie d'eau, des droits de préférence ou de priorité des uns relativement aux autres ?

2° En supposant l'affirmative, quelle division des eaux devrait être faite entre le canal proprement dit et la dérivation, à leur point de partage, au pont Donneau ? Le canal, en cas de pénurie, serait-il desservi avant, simultanément, ou après ?

3° Entre les arrosants eux-mêmes, comment les droits seraient-ils répartis ?

Hâtons-nous, sur ces divers points, de recourir aux textes :

Dès l'origine des travaux dirigés sur Tarascon, le canal rencontre une rigole d'arrosage qui était, depuis plusieurs siècles, dérivée de l'ancien canal de Craponne et qui appartenait au sieur Astre, co-seigneur de Lamanon. Les représentants de la province conviennent tout d'abord avec ce propriétaire qu'il lui sera livré, en remplacement de ses arrosages antérieurs, un volume d'eau équivalent à prélever sur le nouveau canal. Le premier volume dérivé lui fut, en effet, assuré par bénéfice de position, comme par antériorité de droit. Mais c'est seulement à la date du 6 mars 1783 qu'un contrat intervint, pour consacrer l'obligation légale qui existait en sa faveur. Ce contrat, reçu par Me Bertet, notaire à Aix, porte les dispositions suivantes :

« 1° MM. les procureurs du pays, *en remplacement des eaux du canal de Craponne, qui arrosaient la terre « de Lamanon dans la partie appartenant au sieur Astre, et qui ont été coupées par le canal Boisgelin*, cèdent « et transportent audit sieur Astre la quantité de 154 pouces 1/2 d'eau, à laquelle a été évaluée *l'eau « dont il a été privé.*

« 2° *En dédommagement des arrosages dont le sieur Astre a été privé* jusqu'à présent, depuis que le fossé « qui lui portait les eaux de Craponne a été coupé, MM. les procureurs du pays lui cèdent et aban- « donnent 145 pouces 1/2 d'eau à prendre à perpétuité du canal Boisgelin, ainsi que les 154 pou- « ces 1/2 cédés par l'art. 1er ci-dessus, faisant en total la quantité de 300 pouces d'eau, au moyen de « laquelle cession le sieur Astre sera payé de tous dommages, de quelque nature qu'ils soient, qu'il « pourrait prétendre.

« 3° Le sieur Astre jouira desdits 300 pouces d'eau comme seul et véritable propriétaire, *ainsi qu'il « avait accoutumé de jouir de l'eau de Craponne*, avec pouvoir de dénoncer les particuliers qui l'intercepte- « ront en total ou en partie, et d'intenter toutes autres actions qui lui compéteront, le pays lui cédant à « cet égard tous ses droits.

« 4° Ladite quantité d'eau sera dérivée du canal Boisgelin par le fossé convenu entre les parties le long « de la colline, lequel fossé sera mis en état par la province, MM. les procureurs du pays se réservant « de lui donner telle dimension qu'ils voudront, *afin d'y mettre, s'ils le jugent à propos, plus d'eau, et de « vendre le surplus des 300 pouces d'eau à qui ils voudront...* »

Il serait impossible de trouver des circonstances plus propres à justifier la stipulation d'un droit de priorité, en faveur du sieur Astre, sur l'usage des eaux *qui lui sont dues en vertu d'un droit préexistant*. Le contrat toutefois ne porte pas un mot qui stipule cette priorité ; et si cette priorité pouvait être de droit, en l'absence même de stipulation, il serait impossible de trouver des circonstances et des termes plus propres que ceux que nous venons de rapporter à suppléer à cette absence de réserves.

Le premier ayant-droit aux eaux du canal des Alpines serait donc incontestablement le sieur

Astre ou ses représentants, comme propriétaires du domaine de la Baronnerie, arrosé par le canal proprement dit ou la branche d'Orgon.

Dans des circonstances absolument semblables, le canal intercepte encore l'usage d'un fossé, désigné sous le nom de *Fossé des Venques,* lequel, de temps immémorial, fournissait des eaux pour arroser les terres d'un grand nombre de propriétaires de Sénas.

Par acte du 12 juin 1784, « les procureurs du pays, *pour remplacer les eaux dudit fossé des Venques, qui « arrosaient les domaines situés à la droite du canal Boisgelin*, dans le quartier de Cabardeau, et *qui ont « été coupées par ledit canal Boisgelin*, cèdent et transportent aux propriétaires ci-dessus nommés, 154 « pouces d'eau, qui est le volume auquel ont été évaluées les eaux nécessaires à l'arrosement de la partie « *jadis arrosable par ledit fossé des Venques...* »

Impossible encore de trouver des motifs plus puissants pour déterminer la province à conférer aux arrosants des Venques, par préférence sur ceux qui viendront après eux, un droit de priorité, en cas de pénurie, sur l'usage des eaux du canal. Le contrat, cependant, ne stipule rien de semblable; et, nous le répétons, si ce droit pouvait exister en l'absence de conventions expresses, il trouverait encore ici, comme dans le cas précédent, l'application la plus immédiate et la plus rationnelle.

Nous nous bornons à citer ces deux faits, pour constater d'abord que le principe des obligations que contracte la province envers les premiers arrosants, ne consiste nullement à s'imposer à elle-même la charge de leur assurer un privilége quelconque sur l'usage des eaux : car, si un privilége de ce genre avait formé la base du régime administratif du canal, il n'aurait pu avoir, ni en droit ni en fait, une justification plus complète que dans les deux cas que nous venons de citer.

Il découle aussi de ces observations que, si ce privilége pouvait être invoqué dans le silence même des contrats, il s'appliquerait avant tout aux bénéficiaires des dispositions ci-dessus ; ce qui veut dire qu'en cela la priorité appartiendrait à la branche d'Orgon ou au canal proprement dit, par opposition à la branche de Lamanon.

Mais voici ce qui est arrivé :

Les auteurs du mémoire imprimé de 1782, en demandant la construction de la branche de Lamanon, (dix ans après que le canal proprement dit était autorisé et entrepris,) offrirent à la province de signer un contrat préalable, une sorte de souscription, pour 10 moulans et demi d'eau (2 m. c. 78) à dériver du bassin à construire à Lamanon. La province, trouvant dans cet engagement préalable, (qui n'avait pas plus de valeur que les souscriptions par lesquelles les communes de l'ancienne Viguerie avaient, depuis bien des années, réclamé l'autorisation du canal lui-même,) la province, trouvant, disons-nous, dans cet engagement un argument utile à présenter au Gouvernement pour obtenir l'autorisation de détourner une partie des eaux exclusivement destinées, jusque là, à ces dernières communes, au profit de celles de la zone méridionale, et spécialement au profit *des terres adjacentes* qui n'y avaient aucun droit comme étrangères à la province, accepta cet engagement suivant acte du 30 janvier 1783.

Mais la date d'un tel acte n'est point celle d'un droit acquis. L'autorisation de construire la branche de Lamanon n'était pas même obtenue, et cette branche, n'existant pas, aurait pu même ne jamais exister. Les souscripteurs, de leur côté, auraient pu ne point remplir leurs promesses, qui étaient subordonnées à l'autorisation et à l'exécution de cette branche et de leurs propres dérivations à construire à la suite; tandis qu'au contraire, à cette même époque, l'usage des eaux du canal proprement dit constituait en faveur des intéressés dont nous avons parlé un droit acquis, incommutable, non-seulement parce que le canal était autorisé et exécuté, parce que les eaux y coulaient, au profit des riverains investis d'un droit réel par le titre même d'autorisation de 1773, non-seulement parceque les obligations des intéressés étaient remplies comme celles de la province et n'avaient plus rien de précaire ni d'éventuel, mais surtout parce que les droits mêmes de ces derniers (spécialement dans les deux cas mentionnés ci-dessus) remontaient à des jouissances acquises qui préexistaient au canal.

Si nous nous contentions de mettre en présence les prétentions fondées sur cet acte du 30 janvier 1783, et celles que le sieur Astre a le droit de fonder sur son acte du 6 mars de la même année, malgré la postériorité de date de celui-ci (postériorité de 36 jours!) il est incontestable que, si un droit de préférence existait au profit des uns ou des autres, il existerait au profit du sieur Astre. Nous mettons au défi nos adversaires de nous contredire sur ce point.

Nous disons : *si un droit de préférence existait*; mais les titres cités n'en parlent pas. Que porte donc le contrat du 30 janvier 1783 pour être susceptible d'avoir une conséquence si frustratoire pour les plus anciens intéressés? Ce qu'il porte, c'est justement le contraire de ces prétentions. Et, quand même il conférerait des droits de préférence aux concessionnaires de 1783 sur les futurs usagers de la dérivation, ces droits n'existeraient jamais que sur cette partie *nouvelle* du canal. Mais qu'ils eussent la puissance de dénaturer, de primer les droits antérieurs du canal lui-même dans sa direction sur Tarascon, c'est une chimère que repoussent les plus simples notions d'équité et de bon sens.

Voyons d'ailleurs le texte des actes qui ont constitué les droits des premiers usagers autorisés à dériver les eaux par des canaux particuliers à créer à la suite du bassin de Lamanon.

Dérivations particulières faisant suite au bassin de Lamanon. — L'acte du 30 janvier 1783 est conçu en ces termes :

« 1° Les sieurs procureurs du pays, en exécution de l'arrêt du conseil du 3 avril 1773, rendu pour la « dérivation du canal Boisgelin, qui les autorise à départir aux différentes communautés les moulans « d'eau dont elles auront besoin, transportent auxdites communautés et corps la faculté de dériver 10 « moulans 1/2 d'eau dudit canal, savoir : par la communauté d'Istres, un moulan et demi; par celle de « Grans, deux moulans; par celle de Miramas, deux et demi; par le corps des arrosants de Saint-Cha-« mas, trois moulans; et par celui des possédant-biens d'Entressens, un et demi; et ce, moyennant la « somme de dix mille livres par moulan; le calibre duquel moulan sera de 7 pieds 3/4 d'eau cubes, « qui passera par un orifice quelconque dans l'espace d'une seconde.

« 2° Le prix sera payable en dix années et en dix payements égaux et annuels de 1,000 livres pour

« chaque moulan d'eau, et de 500 livres pour chaque demi moulan, avec intérêts au denier vingt, sans « aucune retenue, lesquels intérêts demeureront éteints au prorata des payements; à l'effet de quoi, *un « an après que l'eau sera dans le bassin de Lamanon*, il sera taxé sur chacun desdits corps et communautés un « *exigat* pour le payement du premier dixième de la somme principale et des intérêts du total, et ainsi « pour les années suivantes, en diminuant l'intérêt au prorata.

« 3° Le pays sera chargé d'ouvrir et faire construire le canal de dérivation qui conduira les moulans « d'eau ci-dessus à un bassin qui sera établi, aux frais du pays, dans le terroir de Lamanon et où il ju- « gera à propos, après avoir toutefois passé le canal de Crapponne d'Arles.

« 4° Le pays s'oblige encore de faire faire à ses frais les martellières nécessaires pour dériver et répartir « les eaux à chaque communauté, dans un autre bassin de partage, que lesdites communautés et corps « feront construire près du Merle.

« 5° *Le pays se réserve encore de pouvoir mettre en tout temps dans les canaux communs ou particuliers desdites « communautés et corps une plus grande quantité d'eau, s'il en est besoin, pour la céder à d'autres communautés, « corps ou particuliers*, sans que ledit agrandissement puisse jamais être fait aux frais des communautés et « corps actuellement contractants, et *à la charge encore que les nouveaux acquéreurs ne pourront* FAIRE SORTIR « DES CANAUX DES COMMUNAUTÉS ET CORPS CI-DESSUS *la quantité d'eau qu'ils auront acquise, qu'après que le « communautés et corps actuellement contractants auront prélevé la quantité d'eau de la dérivation de laquelle il « acquièrent la faculté par le présent acte;* à l'effet de quoi il sera construit, aux frais des nouveaux acquéreurs, « tel ouvrage qui sera jugé nécessaire, à l'endroit de la dérivation, pour laisser passer par préférence la « quantité d'eau qui pourra être dérivée par les corps et communautés actuellement contractants.

« 6° Lesdites communautés et corps seront obligés de travailler chacun aux canaux de dérivation qui « les concernent, à partir de leur terroir, et en continuant jusqu'au bassin à établir dans le terroir de « Lamanon, aussitôt que le pays commencera à travailler *à la branche de dérivation allant du canal de « Boisgelin audit bassin;* à faute de quoi le pays ne serait obligé à rien.

« 7° *Le pays s'oblige de faire parvenir audit bassin de Lamanon la quantité de moulans ci-dessus convenue, et « d'en procurer la jouissance aux acquéreurs*, mais sans être tenu d'aucuns dommages-intérêts pour les cas « fortuits quelconques qui empêcheraient que lesdits moulans ne parvinssent au bassin, s'obligeant seu- « lement à faire les réparations nécessaires pour les faire cesser incessamment. Il se réserve pareillement « le droit d'ôter l'eau, chaque année, pour le recurage, dans le temps et pendant l'espace qui seront réglés, « et encore de l'ôter pour les élargissements qui pourraient être convenables, afin de porter plus d'eau dans « le canal, sans qu'à raison de la privation d'eau résultant du travail fait pour lesdits élargissements et « recurage, lesdites communautés et corps puissent prétendre aucune indemnité ni dommages-intérêts. Bien « entendu que le pays prendra, pour lesdits élargissements et recurage, le temps le moins dommageable.

« 8° Lesdites communautés et corps feront tel usage qu'ils trouveront bon de la quantité de moulans d'eau « par eux acquise, soit pour l'arrosage, soit pour les engins et moulins qu'il leur plaira de construire, sans « que le pays leur soit de rien tenu dans le cas où la faculté de construire des engins et moulins leur « serait disputée par qui que ce soit, en tout ou en partie, le pays n'entendant préjudicier aux droits de « personne, ni prendre aucune part à aucune action qui serait intentée à ce sujet, ne départant les fa- « cultés d'eau ci-dessus que pour en faire l'usage permis dans chaque contrée.

« 9° Et, lorsque lesdites communautés et corps départiront aux différents propriétaires et possesseurs « quelconques des terres de leur territoire des portions de la faculté qui leur est transférée par le pré- « sent acte, les procureurs du pays se réservent d'autoriser les traités qui seront faits à ce sujet, en vertu » des pouvoirs qui leur sont attribués par ledit arrêt du Conseil du 3 avril 1773, le tout à peine de nullité « des susdits traités; ainsi convenu de pacte exprès.

« 10° *Le pays sera tenu de toutes les dépenses relatives à l'entretien et recurage du canal jusqu'au bassin de La « manon, et les communautés demeureront chargées de l'entretien et recurage des divers canaux de dérivation qui*

« *les concernent depuis ledit bassin*, sauf, en cas que la province mette plus d'eau dans les canaux communs « ou particuliers, de contribuer elle-même ou de faire contribuer ceux à qui elle départira le surplus de « l'eau, auxdits recurage et entretien.

« 11° Le pays fera faire les plans et devis nécessaires pour la dérivation dans le terroir de chaque com- « munauté et corps, à ses frais, par ses ingénieurs; mais, lorsque, pour la direction des ouvrages, lesdits « corps et communautés croiront utile d'appeler lesdits ingénieurs, ils les payeront au taux accoutumé « pour les ingénieurs, qui sont en tournée pour le service des communautés, fourniront les indications et « paieront les piqueurs que lesdits ingénieurs emploieront.

« Et, pour l'exécution de tout ce que dessus, les parties obligent leurs biens présents et à venir, à toutes « cours, etc., etc. (1) »

Telle est la teneur textuelle et complète du contrat du 30 janvier 1783. Résumons, d'après cela, les obligations de la province et celles des arrosants.

Obligations de la province. La province promet 10 moulans et demi d'eau; elle promet de construire à ses frais l'embranchement qui les conduira *au bassin de Lamanon*, de construire de même les martellières destinées à les répartir au bassin du Merle; *elle promet de faire parvenir au bassin de Lamanon cette quantité d'eau et d'en procurer la jouissance aux acquéreurs*, sans être tenue des cas de force majeure; elle promet de payer *jusqu'au même point* toutes les dépenses d'entretien, et enfin de faire faire les plans et devis par ses ingénieurs.

Voilà toutes les obligations, les seules obligations de la province, aux termes du contrat. Pas un mot ne l'oblige à assurer aux acquéreurs une priorité quelconque sur l'usage des eaux du canal ni de la dérivation, jusqu'au bassin de Lamanon.

Obligations des arrosants. Ils payeront 10,000 liv. par moulan, en dix années, un an après que l'eau aura été amenée par la province dans le bassin de Lamanon. Là, ils seront tenus de recevoir, *dans leurs canaux particuliers*, telle quantité d'eau que la province voudra y introduire, à charge par les nouveaux acquéreurs de ne pouvoir faire sortir *desdits canaux particuliers* la quantité d'eau nouvellement introduite qu'après que ceux à qui ils appartiennent en auront tiré par préférence leur propre contingent. Ils seront tenus par là même de laisser exécuter tous les changements et élargissements nécessaires pour le service des nouveaux acquéreurs; et enfin, *à partir du bassin de Lamanon*, les frais d'entretien et de recurage desdits canaux particuliers seront supportés en commun par tous ceux qui s'en serviront.

Ainsi, parmi les obligations de la province, nous ne trouvons pas un mot duquel il puisse résulter qu'elle concède à des usagers quelconques un droit de préférence sur les eaux prises à *son* canal ou à *sa* dérivation. Mais, parmi les obligations des arrosants *entre eux*, nous trouvons une servitude très grave, celle qui les soumet à fournir *leurs* propres canaux, *leurs* propres dérivations, au passage gratuit des nouvelles eaux qu'il plaira à la province d'y introduire. Seulement, pour amoindrir l'effet de cette servitude, il était juste que les futurs acquéreurs, (exonérés par

(1) Cet acte et tous ceux de la même nature que nous citerons ci-après sont déposés aux Archives de la Préfecture.

là de l'obligation de créer de nouveaux canaux pour leur seul usage), ne pussent se servir des *canaux particuliers* déjà créés par les premiers, qu'après prélèvement des eaux concédées à ceux-ci.

Rien de plus raisonnable qu'une stipulation pareille, rien de plus conforme aux principes fondés sur le respect dû à la *propriété privée*, et aux usages généralement établis pour régler en pareil cas les droits des parties. Mais le droit de priorité réservé par le contrat n'est point une stipulation à l'encontre de la province, ayant pour objet de restreindre ses pouvoirs de gestion sur son œuvre d'intérêt général, et de limiter l'usage qu'elle doit faire de son canal et de ses eaux. Ceci serait contraire à toutes les règles, à tous les principes d'une administration sage et indépendante. C'est une stipulation à l'encontre des arrosants, pour régler leurs rapports *entre eux*, lorsque de nouveaux acquéreurs prendront possession des canaux et fossés *appartenant à d'autres*. Il ne s'agit là, en résumé, que des canaux et fossés particuliers faisant suite au bassin de Lamanon. Il ne s'agit ni du canal proprement dit, ni de la dérivation elle-même.

Cette distinction est la clef de toutes les difficultés. On va voir maintenant comment, à l'aide de cette distinction, tout s'explique et s'enchaîne. « L'acte du 30 janvier, a-t-on dit, est le ré« gulateur et le type de toutes les concessions des eaux des Alpines. » Cela est vrai, mais il faut bien savoir ce qu'il porte ; et si nous consultons, de même, le texte de tous les autres actes, nous n'en trouvons aucun qui ne consacre la même distinction.

Par acte du 28 mars 1783, dont la date est si rapprochée de celle qui précède, la communauté d'Eyguières acquiert deux moulans d'eau. L'article 3 de cette concession porte :

« La martellière qui distribuera les deux moulans d'eau à la communauté d'Eyguières, sera faite « aux frais du pays. Elle sera placée *ou dans le bassin de Lamanon*, *ou supérieurement*, selon les plans qui « seront, sur ce, dressés pour le plus grand avantage de la communauté. Elle pourra même être « placée *inférieurement au bassin de Lamanon*, à la réquisition de ladite communauté *et dans le canal com-« mun de dérivation destiné par l'acte du 30 janvier dernier pour les communautés et corps de Grans*, *de Mira-« mas*, *de Saint-Chamas*, *d'Istres et d'Entressens*, si par le résultat de l'examen des lieux et de toutes les con-« sidérations relatives à la commodité et à la facilité, cette dernière position méritait la préférence; sauf « néanmoins, *dans ce cas tant seulement*, les droits acquis aux dites communautés et corps de Grans, de Mi-« ramas, de Saint-Chamas, d'Istres et d'Entressens, par le susdit acte du 30 janvier dernier.

Qu'est-ce à dire? Que les droits de préférence mentionnés dans l'acte du 30 janvier en faveur de ces communes n'existent que *dans le cas tant seulement* où, prenant les eaux *inférieurement au bassin de Lamanon*, le nouvel acquéreur se servirait *des canaux propres à ces acquéreurs du 30 janvier*. — Jamais, en présence d'un texte aussi précis, d'une explication aussi nette, la chicane n'a trouvé place à s'exercer. — *Dans ce cas tant seulement !* Il est donc aussi clair que le jour que la province n'entend point conférer un droit de priorité quelconque sur l'usage des eaux, alors qu'elles sont prises directement à son canal ou à sa dérivation, en amont du bassin de Lamanon, et que les parties signataires de ces dispositions restrictives savent parfaitement que la priorité dont il s'agit n'est qu'un droit corrélatif à la propriété de leurs canaux ou fossés particuliers, en aval du bassin de Lamanon, pour le cas où la province en transfère l'usage gratuit à des tiers.

Dans le même acte du 28 mars 1783, les mêmes réserves reparaissent.

« Art. 6. Le pays se réserve de pouvoir mettre en tout temps, *dans le canal particulier* que la communauté « d'Eyguières fera construire, une plus grande quantité d'eau, s'il en est besoin, pour la céder à d'autres « communautés ou particuliers, sans que ledit agrandissement, ainsi que tels autres ouvrages qui seront « jugés nécessaires, puissent jamais être faits aux frais de la communauté d'Eyguières...

« Art. 14. Dans le cas où le pays fera agrandir *le canal de la communauté* pour y mettre une plus grande « quantité d'eau, ceux en faveur de qui *il en disposera* ne pourront la faire sortir qu'après que la commu- « nauté aura pris *les deux moulans* qui lui sont départis d'après le présent acte; à l'effet de quoi il sera con- « struit, aux dépens des nouveaux acquéreurs, tel ouvrage qui sera jugé nécessaire, *à l'endroit de la dériva- « tion*, pour laisser passer, par préférence, *lesdits deux moulans...* »

C'est toujours le même principe : La préférence n'est réservée au premier concessionnaire que *sur le canal particulier qu'il a créé*. Ici même, on remarque que cette préférence *sur le canal d'Eyguières* est limitée aux *deux moulans* départis à Eyguières, sans qu'il soit question des 10 moulans et demi antérieurement concédés. Les concessionnaires de ces 10 moulans et demi gardent le même privilége sur leur propre canal.

Par acte du 26 octobre 1784, une autre concession est faite à la communauté de Fos, pour un moulan à dériver par une martellière que la province s'oblige de faire construire *dans le canal particulier d'Istres et d'Entressens*. Il est à remarquer que le canal particulier d'Istres et d'Entressens doit prendre ses eaux dans le canal commun destiné au service des 10 moulans et demi ci-dessus, au bassin de Lamanon; mais, comme, à la date de cet acte, les intéressés d'Istres et d'Entressens n'en ont point encore entrepris la construction, il n'y a pas lieu, quant à présent, de réserver un privilége à ces derniers, *puisque la propriété du canal à construire par eux n'existe pas encore*; seulement il est juste de faire contribuer ceux de Fos, conjointement et proportionnellement avec ceux d'Istres et d'Entressens, à l'exécution des ouvrages qui leur seront communs. Et c'est là précisément ce que l'acte stipule :

On voit par ces dispositions que les choses sont organisées de manière qu'aucun privilége

« Art. 5. Le pays, s'étant réservé, vis-à-vis la communauté d'Istres et le corps d'Entressens, de mettre « une plus grande quantité d'eau *dans leur canal particulier*, pour la céder à d'autres corps, communautés « ou particuliers, se fait la même réserve à l'égard de la communauté de Fos.

« Art. 6. La communauté de Fos sera obligée de contribuer au canal particulier de dérivation d'Istres « et d'Entressens, par lequel elle dérivera le moulan ci-dessus, *aussitôt que la communauté d'Istres et le corps « des arrosants d'Entressens y feront travailler, conformément à leurs obligations avec le pays.*

« Art. 7. Le pays s'oblige à fournir à la communauté de Fos, *dans le bassin de Lamanon*, le moulan sus- « dit, mais sans lui être tenu d'aucuns dommages-intérêts pour les cas fortuits quelconques, etc. (Comme « à l'art. 7 de l'acte du 30 janvier 1783.)

« Art. 8 et 9. *Id.*, *id.*

« Art. 10. Le pays sera tenu de toutes les dépenses relatives à l'entretien et recurage du canal *jusqu'au « bassin de Lamanon*, et la communauté de Fos demeurera chargée de l'entretien et recurage du canal par- « ticulier d'Istres et d'Entressens, *depuis ledit bassin de Lamanon*, pour son contingent, conjointement avec « ladite communauté d'Istres et le corps des arrosants d'Entressens, sauf, en cas que la province mette « plus d'eau *dans les canaux communs ou particuliers*, de contribuer elle-même ou de faire contribuer ceux « à qui elle départira le surplus de l'eau, auxdits recurage et entretien. »

n'est réservé aux arrosants d'Istres et d'Eutressens, relativement à ceux de Fos, nonobstant l'antériorité de leur titre de concession, et que les préférences, circonscrites sur chaque canal particulier, ne s'étendent nullement au delà des réserves fondées sur les droits de propriété privée qui y sont attachés, ni au delà du volume d'eau antérieurement departi au canal particulier emprunté.

Tel est le régime fondé par les représentants de l'administration provinciale. Mais les changements apportés par la révolution française dans les formes du Gouvernement et dans la propriété même du canal, n'altèrent nullement ces conditions fondamentales.

Par arrêté de l'administration centrale du département des Bouches-du-Rhône, en date du 6 mars 1797, (16 ventôse an 5,) les arrosants de Crapponne, dans le terroir de Salon, obtiennent une concession de deux moulans, dont les termes sont généralement conformes à ceux des actes qui précèdent. Mais il est à remarquer qu'à cette époque, la dérivation de Lamanon est achevée, que les canaux particuliers fonctionnent.

« Avant d'accorder cette demande, rapporte M. le président Cappeau (1), l'administration « voulut s'assurer que sa concession ne porterait aucun préjudice aux concessions antérieures. « Elle prit, le 11 fructidor an IV, un arrêté par lequel elle ordonna qu'il serait vérifié par l'in« génieur de l'arrondissement si on pouvait verser dans le canal de la Crau les deux moulans « demandés, sans porter préjudice aux communes, arrosant du canal des Alpines... La véri« fication faite, l'administration concéda définitivement les deux moulans demandés... »

Mais par suite de cette vérification, le nouvel acte contient une donnée de plus :

« Art. 3. La dérivation des deux moulans, (demandée par les arrosants de Crapponne dans le terroir « de Salon,) sera faite, au bassin de Lamanon, par la martellière feinte ou fermée. Les ouvrages néces« saires pour cette dérivation, ainsi que le canal particulier des pétitionnaires, seront construits à leurs « frais.

« Art. 4. Cette nouvelle concession ne devant porter aucun préjudice aux communes qui ont des droits « à l'arrosage, les deux moulans ne pourront être versés dans le canal des pétitionnaires qu'après que les « *onze moulans et demi* précédemment vendus auront été introduits dans les canaux de Merle et d'Eyguières; « à l'effet de quoi il sera fait, aux frais des pétitionnaires, tels ouvrages à leur martellière qui seront dé« terminés par l'ingénieur en chef, pour laisser passer par préférence *les onze moulans et demi acquis par les « corps et communautés compris dans l'acte du* 30 *janvier* 1783 (vieux style) *et dans celui passé à la commune de « Fos*, et sera le syndic du congrès desdits corps et communautés appelé à la confection et recette des« dits ouvrages. »

Plusieurs conséquences découlent de ces dispositions : la première, c'est que, dans cet acte comme dans tous ceux qui précèdent, le droit de préférence n'est relatif qu'à la prise des eaux, *en aval du bassin de Lamanon*, selon le principe posé dans le contrat d'Eyguières, portant que la priorité n'existera au profit des premiers concessionnaires que *dans le cas tant seulement* où les eaux seront prises *inférieurement à ce bassin*; la seconde, c'est que ce droit même, (au lieu

(1) *Ubi sup.*, p. 10.

d'être réservé à toutes les concessions antérieurement faites, soit sur le canal, soit sur la dérivation, soit sur le bassin de Lamanon) se trouve expressément limité aux 11 moulans et demi des canaux particuliers empruntés, en faveur des communes auxquelles ont été faites les concessions du 30 janvier 1783 et du 26 octobre 1784, ce qui exclut évidemment la pensée d'un privilége général, embrassant ceux d'Eyguières et, par ordre de date, tous les usagers, quels qu'ils soient !

Les 11 moulans et demi qui font l'objet de cette réserve, sont, d'une part, les 10 moulans et demi des intéressés de Saint-Chamas, Miramas, Grans, Istres et Entressens ; et, d'autre part, le moulan des intéressés de Fos. Mais d'où vient qu'il n'est pas question ici de préférence pour les concessions antérieures faites sur le canal proprement dit, notamment pour celles du sieur Astre et des arrosants des Venques, dont nous avons cité les titres en date du 6 mars 1783 et du 12 juin 1784? D'où vient qu'il n'est fait aucune mention des droits conférés, depuis la même période, sur la branche d'Orgon, aux sieurs Rostand, Fassin, Arquier, Lieutaud, Vieillard, etc., qui tous ont précédé ceux de Salon ! D'où vient surtout qu'il n'est point fait mention des 2 moulans d'Eyguières, pris pourtant en aval du bassin de Lamanon? Au lieu de limiter la préférence à 11 moulans et demi, pourquoi cet acte de 1797 ne l'a-t-il point étendue aux 15 moulans 11|24, formant à cette époque le total des concessions déjà existantes ? C'est que l'administration centrale du département, en 1797, comme l'administration provinciale, en 1783, comme tous les contractants eux-mêmes, n'ont jamais entendu que la préférence dont il s'agit fût applicable aux diverses prises antérieurement ouvertes soit sur le canal proprement dit, soit sur la dérivation, soit même sur ceux des canaux particuliers en aval du bassin de Lamanon qui ne seraient ni empruntés ni susceptibles d'être affectés par les concessions nouvelles. — Peut-on trouver rien de plus péremptoire que la réunion de ces textes pour renverser de fond en comble les prétentions de ceux qui voudraient aujourd'hui donner à ce droit de préférence une extension que rien ne comporte, que rien ne justifie, ni en principe ni en fait !

Par arrêté semblable du 14 mars 1798 (24 ventôse an VI), une concession d'eau plus importante est faite à l'association des arrosants de la Crau d'Arles ; elle est de dix moulans, et l'acte porte ce qui suit :

« Les dix moulans d'eau seront versés dans un canal de dérivation qui sera construit aux frais de l'association et par elle entretenu, et le versement aura lieu *par les deux martellières du bassin de Lamanon destinées à la commune d'Arles*.

« L'association fera faire, *aux seuils des martellières*, tous les ouvrages convenables pour assurer, de préférence, en cas de disette d'eau, aux communes, associations et particuliers, la jouissance des eaux qui ont été précédemment accordées. Si l'association use des canaux ou des fonds acquis par lesdites communes, associations ou particuliers, elle contribuera aux frais d'acquisition, de construction et d'entretien desdits canaux ou fonds, au prorata de la quantité de moulans d'eau qu'elle y introduira. »

Cette dernière phrase indique la portée véritable de tout le paragraphe. Il s'agit toujours des canaux particuliers des anciens concessionnaires à emprunter par les concessionnaires plus récents, et il s'agit ici notamment des canaux faisant suite au bassin de Lamanon, seuls qui puissent être empruntés par l'association d'Arles.

Cependant l'étendue des termes ci-dessus, en ce qui touche le droit de préférence, peut donner lieu de croire que ce droit se trouve par là réservé non-seulement aux propriétaires des canaux qui seront empruntés, mais encore à tous les usagers dont les canaux sont en aval du bassin de Lamanon, c'est-à-dire à ceux de Saint-Chamas, Miramas, Grans, Istres et Entressens, à ceux d'Eyguières, de Fos et de Salon. Nous ne sommes point surpris de cette prétention, bien que l'étendue même des termes ci-dessus, ou, pour mieux dire, leur défaut de précision soit à nos yeux de nature à prouver le contraire, c'est-à-dire à prouver que ces termes n'ont pas d'autre portée que ceux des actes précédents. Mais ce qui est bien certain dans tous les cas, c'est que, si la priorité s'applique ici à tous les usagers dérivant leurs eaux du bassin de Lamanon, du moins elle ne s'applique nullement à ceux qui les dérivent du canal proprement dit. En effet, cette priorité, dit l'acte, doit être assurée, en cas de disette d'eau, par des ouvrages à faire *au seuil des martellières du bassin de Lamanon destinées à la commune d'Arles.* Comment des ouvrages quelconques au *seuil de ces martellières* pourraient-ils avoir une influence propre à assurer la priorité aux concessionnaires d'Orgon! Ceci est absolument impossible. Du bassin de Lamanon au pont Donneau, il y a une distance de plus de 9 kilomètres, avec une différence de niveau de plus de 3 mètres; puis, du pont Donneau à Orgon, il y a une distance de plus de 16 kilomètres, avec une différence de niveau de 28 mètres. Comment, entre ces deux extrémités, des ouvrages quelconques faits au seuil des martellières désignées dans l'acte, pourraient-ils assurer, des uns aux autres, la préférence signalée?

Cette prétention se perd donc dans l'absurde; et, dès lors, la seule vérité qui puisse rester debout est celle qui se trouve clairement énoncée dans le texte des actes primitifs que nous avons cités.

Nous n'avons omis, du reste, aucun des actes jusque là intervenus pour constituer les droits des dérivations particulières faisant suite au bassin de Lamanon. Nous voulons pareillement n'omettre maintenant aucun de ceux qui ont constitué les droits des autres dérivations particulières créées sur le canal proprement dit.

Dérivation particulière de la Baronnerie. — Déjà nous avons rendu compte des concessions faites au sieur Astre et à l'association des arrosants des Venques, pour remplacer gratuitement les arrosages dont ils jouissaient avant la création du canal. Ce sont là, à coup sûr, les droits les plus anciens, quelle que soit la date des contrats par lesquels ces droits ont été consacrés. Mais, attendu que le sieur Astre reçoit du canal directement les eaux de sa dérivation, la province ne lui réserve aucun droit de préférence sur les autres usagers. Il en est de même des arrosants des Venques, qui doivent cependant emprunter une partie du fossé dont se sert déjà le sieur Astre; mais, ce fossé ayant été construit par la province elle-même, le sieur Astre n'y a point le même droit que si c'était exclusivement son œuvre et sa propriété privée. Seulement, par la suite, lorsque sur la même dérivation de nouveaux droits seront conférés à de nouveaux usagers, nous verrons encore la même préférence réservée aux premiers, dans des termes semblables à ceux des actes ci-dessus.

BIBLIOTHÈQUE IMPÉRIALE

C'est ainsi que, par acte du 31 mai 1806, le sieur Denys d'Anselme, déjà compris parmi les arrosants des Venques, en recevant l'autorisation supplémentaire de dériver un quart de moulan d'eau en sus de la quotité dont il est déjà concessionnaire, ne reçoit cette autorisation que sous les réserves suivantes :

« Le quart de moulan d'eau dont la vente est faite par le présent acte sera versé dans un canal de dé-« rivation construit aux frais dudit sieur Anselme, en exécution de notre susdit arrêté, et par lui entretenu. « Il fera faire, *au seuil de la martellière*, tous les ouvrages convenables pour assurer de préférence, en cas « de disette d'eau, aux communes, associations ou particuliers, la jouissance des eaux qui leur ont été « précédemment accordées. Le sieur Anselme ne pourra jamais prétendre à aucune indemnité pour les « cas fortuits quelconques, etc...

« Le sieur Anselme demeure, en outre, soumis à toutes les obligations qu'ont contractées ceux qui tien-« nent soit des anciens Etats de Provence, soit de l'administration centrale du département des Bouches-« du-Rhône, des concessions de même nature. »

N'est-il pas manifeste que le même principe est toujours consacré dans le même sens et dans les mêmes termes !

Il s'agit donc de respecter, dans tous les cas, les réserves énoncées aux actes antérieurs comme s'appliquant uniquement aux dérivations particulières empruntées par les concessionnaires nouveaux ; et, puisque c'est par des ouvrages à faire au seuil des martellières donnant l'eau à ces dérivations particulières, que la préférence doit être assurée aux concessionnaires antérieurs, n'est-il pas manifeste que la préférence dont il s'agit n'est autre que celle susceptible d'être assurée par ces ouvrages, c'est-à-dire celle qui intéresse seulement les usagers jouissant en commun des mêmes dérivations particulières ? — C'est ici, du reste, le lieu de noter que souvent les choses ne se sont point passées, en fait, comme dans la pensée des actes ; mais nous ne recherchons que la pensée des actes et les prévisions auxquelles ces actes s'appliquaient.

Dérivation particulière de Saint-Andiol. — Par acte du 12 mai 1783, le sieur Rostand d'Orgon est autorisé à dériver un sixième de moulan par une martellière que la province s'oblige à faire construire ultérieurement au quartier de Saint-Véran, à Orgon. Cet acte reproduit la plupart des dispositions de celui du 30 janvier 1783, et porte :

« Art. 7. Le pays se réserve de faire à la martellière qu'il se soumet de construire, par l'article 3, à ses « frais et dépens, tels changements que bon lui semblera, comme aussi d'agrandir, si besoin est, le fossé « de M. Rostand, sans que ledit agrandissement puisse nuire à ses droits. »

Les articles suivants reproduisent les art. 7, 8 et 9 de l'acte du 30 janvier ; mais, attendu qu'il doit, comme le sieur Astre, recevoir directement du canal les eaux de sa dérivation, aucun article ne l'oblige à réserver une préférence quelconque aux concessionnaires antérieurs que dessert la province ; aucun article non plus ne lui réserve à lui-même une préférence quelconque sur les eaux du canal.

Il en est encore de même des sieurs Fassin, Arquier, Lieutaud et Vieillard, à qui la province, par un contrat du 20 août suivant, vend la faculté de dériver un moulan d'eau par la martellière même qui a été convenue avec le sieur Rostand. Mais, attendu que la martellière n'est point construite encore, et que, pour les ouvrages à créer dans leur intérêt commun, ils auront à s'entendre avec le sieur Rostand, l'acte reproduit simplement les dispositions de celui qui précède, sans énonciation de préférence.

Mais, lorsque la province aura construit la martellière promise, lorsque des canaux particuliers seront ouverts pour l'usage des premiers concessionnaires, un droit de préférence sera réservé à ceux-ci sur les canaux qu'ils auront eux-mêmes créés ; et c'est ce qui résulte en effet des dispositions insérées dans les actes suivants :

Par acte du 18 avril 1806, Mme Varadier de Castellane obtient la faculté de dériver trois moulans d'eau. Le titre porte :

« Les trois moulans d'eau seront versés dans un canal de dérivation qui a été construit aux frais de la « dame Varadier, veuve Castellane, en exécution de notre susdit arrêté et par elle entretenu.

« *Elle fera faire au seuil des martellières* tous les ouvrages convenables pour assurer, de préférence, en cas « de disette d'eau, aux communes, associations ou particuliers, la jouissance des eaux qui leur ont été « précédemment accordées.....

« Si la dame Varadier, veuve Castellane, use des canaux ou des fonds acquis par lesdites communes, « associations ou particuliers, elle contribuera aux frais d'acquisition, de construction et d'entretien desdits « canaux ou fonds, au *prorata* de la quantité des moulans qu'elle y introduira....

« La dame Varadier, veuve de Castellane, demeure, en outre, soumise à toutes les obligations qu'ont « contractées ceux qui tiennent, soit des anciens États de Provence, soit de l'ex-administration centrale « du département, des concessions de même nature... »

Ces clauses ne sont plus qu'une formule banale ; mais les travaux à faire aux martellières par lesquelles doit être alimenté le canal de Mme de Castellane, ne peuvent avoir d'autre objet que d'assurer la préférence aux concessionnaires antérieurs *de la même dérivation*. Il ne se peut pas que ces travaux soient de nature à assurer la préférence aux concessionnaires qui dérivent leurs eaux par les autres prises. C'est donc toujours le même principe qui reçoit son application.

Dérivation particulière de Sénas. Ici encore nous allons faire ressortir, avec la plus parfaite évidence, la pensée qui préside à ces dispositions.

Par acte du 7 mars 1809, les possédant-biens des sections des Moulières, Malautières, Hautes-Aires et du Plan, à Sénas, obtiennent la concession d'un demi-moulan d'eau. Il ne s'agit point pour eux d'introduire les eaux dans des fossés particuliers antérieurement construits par des tiers. Il s'agit de prendre directement les eaux au canal.

C'est le cas, ou jamais, de vérifier si cet acte (dont la date est à peu près la même que celle des actes qui reproduisent si uniformément le droit de préférence défini ci-dessus) réservera une priorité quelconque aux concessionnaires ayant des prises antérieurement ouvertes sur le canal proprement dit.

Or, loin de contenir des dispositions semblables à celles qui s'appliquent aux concessions nouvelles à desservir par des canaux particuliers, l'acte des arrosants de Sénas porte :

« Ce demi-moulan sera dérivé du canal des Alpines, branche dite d'Orgon, par deux dérivations, « l'une à droite, l'autre à gauche... Le seuil de ces deux prises à construire *ne pourra être plus bas que le* « *vrai lit ou fonds du canal des Alpines*.....

« Comme il ne doit circuler aujourd'hui, à ce point du canal, que les trois moulans 11/12 concédés « jusques à ce jour (1), y compris le demi-moulan de la présente concession, les ouvertures desdites prises « d'eau doivent être telles que de ce volume total le demi-moulan d'eau puisse s'introduire dans ces « deux dérivations; mais, *pour éviter l'inconvénient de voir ces dérivations fournies d'un plus grand volume* « *d'eau que celui concédé* si de nouvelles concessions avaient lieu dans le cours de cette branche du canal « des Alpines, les arrosants de Sénas seront tenus, en construisant leurs prises d'eau, d'y placer des « vannes qui, aujourd'hui mouvantes, seraient fixées alors *pour ne laisser passer que le demi-moulan d'eau*, « et les vannes seraient rabaissées ensuite et fixées de nouveau lors d'une autre concession, toujours à « raison du volume d'eau qui circulera dans le canal et jusqu'à ce que le demi-moulan d'eau seulement « puisse passer par les ouvertures, le tout aux frais desdits concessionnaires.....

Ainsi, ce qui résulte de ces dispositions, c'est que les arrosants de Sénas, placés fort en amont de ceux desservis par la dérivation de Saint-Andiol, ont toujours droit à leur demi-moulan à prendre *au niveau même du vrai lit du canal*, ce qui exclut l'idée de toute préférence en faveur des prises d'aval antérieurement ouvertes. Et ceci résulte encore d'une manière plus frappante du compte qui est fait des trois moulans onze douzièmes destinés à passer sur ce point pour le service de ces prises. Le régime des vannes des nouveaux concessionnaires, loin d'être ordonné de manière à ce que les plus anciens puissent d'abord recevoir leur contingent, est ordonné de manière que ce sont ces derniers, au contraire, qui doivent toujours prendre leur demi-moulan avant que les autres puissent recevoir leurs trois moulans onze vingt-quatrièmes. Ceci est digne à tous égards de remarque. Mais il faut noter aussi que les dérivations de Sénas sont ouvertes sur le canal, et non sur des *fossés particuliers* appartenant à des concessionnaires antérieurs : de sorte que la distinction établie par le premier acte se reproduit dans ce dernier. Dans aucun il n'est question d'ouvrages à faire, ni de manœuvres quelconques à pratiquer aux martellières du pont Donneau, pour que le droit de préférence puisse s'exercer respectivement entre les branches ou entre les prises respectivement établies sur le canal ou sur la dérivation. Dans aucun il n'est question de fermer les prises les plus récentes au profit des plus anciennes : ce qui aurait été le plus simple et aurait été prescrit infailliblement, si l'on avait prétendu appliquer le système que nous combattons.

Il est donc, encore une fois, évident qu'aucune préférence sur l'usage des eaux n'est établie, par ordre de date des concessions, sur aucune des dépendances du canal.

EN RÉSUMÉ :

Nous avons cité, analysé tous les actes passés pour la dérivation des eaux du Canal des Al-

(1) Rostand, 0m.3/12; Chabaud, 0m.6/12; Villiard, 0m.2/12; Castellane, 2m; total, 3 moulans 11/12.

pines, depuis 1773 jusqu'en 1809. De cette époque jusqu'en 1826, il n'a plus été fait d'acte semblable, par suite des changements de régime que nous exposerons bientôt. Mais avant de nous occuper des faits relatifs à cette nouvelle période, nous allons récapituler les résultats acquis :

1° Le canal de Boisgelin ou le canal des Alpines proprement dit, c'est le canal de *Mallemort à Tarascon*, autorisé par arrêt du Conseil du 3 avril 1773.

2° La branche de Lamanon, créée dix ans après, n'est qu'une dérivation secondaire rattachée au grand canal pour étendre, sur des territoires non compris dans la concession primitive, le service des eaux d'abord destinées exclusivement aux communes situées sur le parcours de Mallemort à Tarascon.

Les eaux coulaient déjà jusqu'à Orgon, et les intéressés étaient en possession de leur usage lorsque les concessionnaires de Lamanon ont obtenu ce droit nouveau par arrêt du 20 février 1783.

3° La date des contrats de vente ou de concessions d'eau ne détermine nullement le point de départ des droits afférents aux contrées respectivement intéressées, soit sur le canal proprement dit, soit sur l'embranchement de Lamanon.

Jamais la Province ni l'Etat n'ont conféré sur l'usage des eaux, prises au canal ou à l'embranchement, des droits de préférence en cas de pénurie.

4° Si ces droits existaient, ils existeraient en faveur des communes de la Viguerie de Tarascon, qui n'ont jamais cessé d'être bénéficiaires du titre primitif, par opposition aux communes d'Arles, Salon, etc., qui ne faisaient pas même partie de la province, et qui n'ont été admises que postérieurement à jouir du même bienfait.

5° Les obligations résultant des contrats envers les usagers consistent uniquement, pour la province ou pour ses ayant-cause, à fournir l'eau promise, hors les cas de force majeure.

Quant aux obligations des usagers entre eux, relativement au service des eaux, elles sont formulées comme suit, selon les circonstances :

S'ils prennent directement leurs eaux au canal ou à la dérivation, ils ont droit à ce que la province leur procure la jouissance de leur contingent, sans qu'il existe des uns aux autres aucune détermination d'ordre de préférence; mais ils sont tenus de laisser passer dans leurs fossés particuliers les eaux qu'il plaira à la province d'y introduire par la suite pour le service de concessionnaires nouveaux.

Si ceux-ci concourent avec les premiers à la création desdits fossés particuliers, quelle que soit la date de leurs concessions respectives, ils ont un droit égal sur ces fossés, ils les entretiennent en commun, et prélèvent leurs eaux concurremment, sans préférence entre eux.

Mais si ceux-ci se servent desdits fossés particuliers sans avoir concouru à leur construction, sans en avoir acquis la copropriété, ils ne peuvent faire sortir desdits fossés le contingent qui leur a été concédé qu'après prélèvement par les premiers de leur contingent antérieur.

Voilà le régime fondamental du canal des Alpines, tel qu'il est établi par les titres.

QUATRIÈME PÉRIODE

ACTE D'ABONNEMENT POUR L'ENTRETIEN DU CANAL DES ALPINES, A LA CHARGE DES USAGERS, AUX LIEU ET PLACE DE L'ÉTAT.

Après vingt-cinq ans de troubles politiques et d'abus de toute nature introduits dans la gestion des propriétés de l'Etat, l'administration des Domaines éprouve le besoin d'améliorer et de fixer le régime du canal des Alpines. M. Farjon, directeur des domaines à Marseille, dans un rapport du 2 décembre 1806, propose diverses mesures devant faire l'objet d'un règlement d'administration publique, et commence par rappeler ce qui suit :

« Les Etats du pays de Provence formèrent, en 1772, le projet de ce canal, qui devait fournir le moyen « d'arroser les terres d'un grand nombre de communes, *depuis Mallemort jusqu'à Tarascon*. Un arrêt du « conseil du 3 avril 1773 ayant permis aux Etats de dériver à cet effet les eaux de la Durance, le canal « fut commencé ; il reçut le nom de canal de Boisgelin. Depuis la révolution, on l'a nommé canal des « Alpines. — Le canal n'était exécuté que jusqu'à Orgon, lorsque la révolution le fit abandonner et en « transmit la propriété au domaine national, en vertu de la loi du 10 avril 1791...

« ... En 1783, les procureurs du pays de Provence firent plusieurs ventes ou concessions d'eau. Les « actes passés entre la Province et les concessionnaires n'ôtent rien à la propriété du canal des deux « branches de Lamanon et d'Orgon. *Ces actes obligent le propriétaire du canal à fournir, sur tel ou tel point de* « *son étendue, la quantité d'eau concédée ; les concessionnaires la prennent à ce point.* Ils sont chargés des dé- « penses relatives aux canaux qu'ils ont fait faire *pour la division des eaux entre eux.* Le domaine, exerçant « les droits de la ci-devant province, est chargé de l'entretien et du recurage des deux branches ; il doit « faire les frais de tous les travaux nécessaires pour que les eaux arrivent en quantité suffisante pour « remplir l'objet des concessions...

« ... Le canal des Alpines a été construit pour recevoir 60 moulans d'eau, dont 30 pour chaque bran- « che. Des 30 moulans destinés à la branche de Lamanon, il en a été vendu 25 1/2 ; il en reste 4 1/2 à « aliéner. Des 30 moulans de la branche d'Orgon, il en a été vendu environ 6 ; il en reste 24 à ven- « dre..... etc. »

(Suit le projet de Règlement proposé par M. le Directeur général des Domaines des Bouches-du-Rhône, projet que consacre plus tard le Décret rendu à la date du 22 juin 1811.)

Sur les vues proposées, une instruction est ouverte. L'ingénieur en chef du département, M. Sigaud, dans un Mémoire en date du 8 janvier 1808, fournit ses observations. Ce qui préoccupe principalement ce dernier, c'est de rendre au canal sa destination primitive ; c'est de ne point perdre de vue la nécessité d'en poursuivre l'achèvement ; et dans l'analyse des droits respectifs des deux branches, il s'applique particulièrement à réfuter certaines assertions de M. le Directeur des Domaines :

« Le canal fut construit, dit-il, pour contenir *soixante-deux moulans* à distribuer *par la branche-mère* « *seule dans la viguerie de Tarascon*.

« Le territoire de Salon, Arles, etc., qui formaient alors *les terres adjacentes* de la province, avaient le « canal de Craponne ; le projet du canal des Alpines leur était étranger. Ne contribuant point aux impo- « sitions de la province, elles n'avaient point à jouir des arrosements procurés par une remise sur ces » impositions ; elles avaient sur les leurs une remise qui était employée aux objets d'utilité qui leur étaient « particuliers. On ne pouvait leur répartir une portion des eaux du canal de la province ; ainsi la branche « de la Crau jusqu'au bassin de Lamanon *n'était destinée qu'à recevoir le supplément d'eau à introduire dans le* « *canal*, et qui aurait été l'objet d'une vente à ces mêmes terres adjacentes.

« Ainsi, les 30 moulans d'eau vendus aux arrosants de la Crau ont été aliénés *au préjudice des divers* « *territoires contribuant aux impositions de la province*.

Notre but, en reproduisant, par extraits, le texte de ces documents, sur l'ensemble desquels nous appelons, du reste, l'attention des administrations publiques, n'est pas d'analyser les projets d'amélioration alors proposés, et devenus sans objet aujourd'hui ; notre but est de bien préciser les faits généraux, tels qu'ils résultent du concours des actes authentiques, pour élucider complétement la question de priorité, qui fait surtout l'objet du débat qui nous touche.

Or, les principes sont ici très nettement posés : le propriétaire du canal est obligé de fournir, *sur tel ou tel point*, la quantité d'eau concédée ; les usagers la prennent *à ce point*, à charge par eux de supporter les dépenses de leurs propres canaux, *pour la division des eaux entre eux*.

La division des eaux *entre eux*, et par conséquent tout conflit soulevé par des prétentions de priorité, ne concerne en rien le propriétaire du canal, qui n'a, lui, qu'une obligation, celle de donner l'eau promise, et qui, possédant une prise propre à débiter soixante à soixante-deux moulans, peut remplir cette obligation sans crainte d'insuffisance d'eau, puisque, par la disposition matérielle des ouvrages, l'alimentation du canal est assurée d'une manière permanente jusqu'à concurrence de ce débit normal.

Si des circonstances de force majeure surviennent, l'obligation de l'Etat cesse, ou plutôt elle se transforme en celle d'effectuer incessamment les réparations nécessaires. Mais, tant que la quantité des eaux vendues n'excède pas le débit de soixante moulans, dont l'alimentation complète, à l'étiage, est assurée par la dimension même des ouvrages, il n'est point possible d'admettre de la part de l'Etat la réserve d'un droit de priorité en faveur de tels ou tels usagers, puisque ce droit serait moins étendu que son obligation réelle, qui consiste à fournir à tous l'eau promise. Si ce droit même de priorité, dans des conditions pareilles, avait pu être admis ou supposé, il est indubitable qu'il aurait appartenu à ceux dont les prises étaient ouvertes sur le canal proprement dit, loin d'être réservé à ceux dont les prises étaient ouvertes sur le bassin de Lamanon, puisque celles-ci étaient seulement destinées, en vertu des titres et en conformité des expressions précitées de M. l'ingénieur en chef Sigaud, *à recevoir le supplément d'eau à introduire dans le canal*.

Voilà comment la question se résout, depuis le premier jour jusqu'en 1809; et c'est cette démonstration que nous avions uniquement le dessein de faire ressortir des derniers textes que nous venons de rapporter en faveur des principes invariablement consacrés jusque-là. Ajoutons qu'à la suite de cette instruction administrative, le Règlement réclamé par le Directeur des Domaines a été adopté par Décret du 22 juin 1811. Ce Règlement maintient toutes les concessions faites jusqu'à cette époque; détermine plus amplement le mode d'administration du canal sous la direction des agents délégués par le Directeur des Domaines; fixe les conditions d'exécution des travaux de curage et de réparations, etc.; mais ce qu'il y a surtout de remarquable dans cette détermination légale des rapports de l'État avec les usagers, c'est que ce Règlement ne parle nullement de préférences accordées aux uns par rapport aux autres, sur l'usage des eaux à distribuer par l'Etat (1).

Enfin, tandis que les choses s'établissent, se règlent, se cimentent ainsi, entre l'Etat et les usagers, ceux-ci conçoivent le projet d'un changement absolu de régime, et ils demandent à se charger eux-mêmes de l'entretien et de la gestion du canal, aux lieu et place des agents du domaine. C'est ce qui va donner naissance à l'acte d'abonnement, qui est sollicité par eux, selon les termes de délibérations adoptées par chaque association d'arrosants, et d'un Mémoire collectif, signé à Eyguières, le 17 mai 1809, par les syndics des arrosants de la Crau d'Arles, par ceux du Congrès, par ceux de Miramas, Saint-Chamas, Grans, Saint-Andiol, Istres et Entressens, Eyguières, Sénas, etc.

Ce Mémoire, signé ainsi par tous les intéressés, est un acte fort grave, comme expression unanime des pensées qui président alors à l'interprétation des droits des parties. Or, ce que porte ce Mémoire va servir de sanction nouvelle aux principes énoncés ci-dessus.

« Des concessions ont été faites, disent les pétitionnaires, à des communes et à des particuliers sur « l'une et l'autre branche; elles ont été faites à titre onéreux. Elles portent toutes *deux clauses remarqua-* » *bles*, mais tellement inhérentes à la nature de la concession, qu'elles n'auraient pas eu besoin d'une « stipulation expresse :

« *La première* est que le pays de Provence, et après lui le Domaine national, est obligé d'entretenir la « prise et le canal en état de fournir le volume d'eau vendu; de détruire les obstacles qui pourraient s'op- « poser à son introduction, et *de le faire arriver à ses frais aux prises respectives des concessionnaires*, de façon « que, *jusques à ces prises*, le canal est entièrement à la charge du domaine, qui doit l'entretenir, le ré- « curer et faire les frais de tous les travaux nécessaires *pour que les eaux arrivent à chaque concessionnaire* « *en quantité suffisante à remplir l'objet des concessions*.

« *La seconde* est qu'*à leur arrivée aux prises particulières*, les eaux ne se distribuent pas, *entre les conces-* « *sionnaires*, dans une égalité arithmétique, mais graduellement et suivant l'ordre et la date des conces- « sions, de manière que le second concessionnaire ne peut prendre une goutte d'eau qu'autant et après « que le premier concessionnaire a reçu, *dans son canal particulier*, toute la quantité à lui concédée... »

Voilà la reconnaissance formelle et unanime par les intéressés, de la distinction à faire entre

(1) Voir le texte entier du Décret dn 22 juin 1811, dans notre *Collection des titres officiels*, page 4.

entre la distribution des eaux par le propriétaire du canal, sur toute l'étendue des branches qui forment sa propriété, et la distribution des eaux par les concessionnaires entre eux, sur leurs canaux particuliers. Dans le premier cas, pas de réserve à l'encontre de l'Etat : son obligation consiste à donner l'eau ; le droit des réclamants consiste à exiger que l'eau leur soit livrée, sans condition de préférence aux prises par lesquelles ils sont autorisés à en faire la dérivation. Mais dans le second cas, c'est-à-dire lorsque des concessionnaires sont gratuitement investis de la faculté d'emprunter les canaux qui ont été construits par des concessionnaires antérieurs, des préférences sont réservées aux anciens concessionnaires, relativement aux nouveaux. C'est l'application d'un système qui ne s'est modifié en rien depuis le premier jour.

Mais, les principes une fois reconnus dans ces termes, lorsque les usagers demandent que l'Etat les charge, par abonnement, de l'entretien et de la gestion du canal, ils n'entendent faire perdre à l'Etat *ni la propriété du canal, ni la faculté précieuse d'en augmenter l'utilité*... ils désirent seulement qu'après comme avant l'abonnement, *alors comme aujourd'hui*, selon leur expression, les nouveaux concessionnaires ne puissent prendre l'eau qu'après que les précédents auront la leur, et que les nouveaux contribuent, comme les anciens, aux frais de curage et d'entretien... Ils n'ont enfin d'autre pensée que d'engager l'Etat à stipuler, dans les nouvelles ventes ou concessions d'eau qu'il pourra faire, des réserves semblables à celles qui existent déjà, c'est-à-dire des réserves ayant pour objet de maintenir le droit de priorité dans son véritable sens, tel qu'il est mentionné ci-dessus, et tel qu'il est reconnu par les pétitionnaires eux-mêmes.

C'est là, en effet, ce que l'Etat accepte et ratifie, par les dispositions du cahier des charges, imposé aux abonnataires pour l'entretien du canal des Alpines, pendant une durée de 60 ans.

Cet acte, formulé par un arrêté préfectoral du 2 novembre 1811, et approuvé par décret du 18 janvier 1813, porte ce qui suit :

« Art. 8. Le Gouvernement se réserve, comme inhérente à la propriété qu'il conserve, la faculté d'ac-
« corder de nouvelles concessions d'eau...

« Art. 9. *Il sera stipulé* dans les nouvelles concessions d'eau : 1° que les nouveaux concessionnaires ne « pourront prétendre à l'eau qu'après que les premiers auront eu leur contingent; 2° qu'ils participeront « aux charges comme aux bénéfices, s'il y en a, du présent abonnement, qui sera censé fait avec les « nouveaux concessionnaires comme avec les concessionnaires actuels.....

« Art. 12. Les abonnataires ne pourront déroger aux clauses et conditions des *concessions existantes*. Ils « seront obligés de les exécuter, et de remplir, vis-à-vis de chaque concessionnaire, les obligations du « Gouvernement : à l'effet de quoi, ils feront faire à leurs frais, et dès leur entrée en jouissance, tous les « ouvrages nécessaires pour que la distribution des eaux ait lieu *conformément au rang déterminé par les* « *titres*. »

Nous n'avons pas besoin de signaler le caractère propre aux concessions dont il s'agit ici :

(1) Voir le texte complet du *Cahier des charges, clauses et conditions relatives à l'abonnement d'entretien du canal des Alpines*, dans notre collection de *Titres officiels*, p. 5.

il est clair qu'elles n'ont d'autre objet que de conférer aux propriétaires ou associations de propriétaires riverains la faculté de recevoir *du propriétaire du canal* un contingent d'eau déterminé, et cela, dans les conditions que nous avons définies ci-dessus. Or, l'article **12**, portant que les abonnataires seront obligés de remplir, *vis-à-vis de chaque concessionnaire*, les obligations du gouvernement, porte, en d'autres termes, qu'ils devront pourvoir à ce que, *lorsqu'un concessionnaire nouveau emprunte le canal particulier d'un concessionnaire antérieur*, la priorité soit assurée au concessionnaire antérieur, sur son canal particulier, au moyen des ouvrages à faire au seuil des martellières du concessionnaire nouveau. Il n'y a là aucune novation; et nous verrons bientôt que tous les nouveaux actes de vente soumettent invariablement les nouveaux acquéreurs.

« A toutes les obligations qu'ont contractées ceux qui tiennent déjà, soit des anciens Etats de Provence, « soit de l'administration moderne, des concessions de même nature. »

Ces actes stipulent que :

« Les nouveaux acquéreurs auront la faculté de faire des eaux à eux concédées le même usage qui « a été accordé aux anciens par l'art. 8 de l'acte du 30 janvier 1783; qu'ils jouiront en tout temps « des mêmes droits et prérogatives, sauf la réserve prévue pour la préférence aux concessionnaires « antérieurs... »

La préférence réservée par l'acte d'abonnement est donc toujours la même que celle spécifiée par l'acte primitif du 30 janvier 1783, auquel il suffit dès lors de se référer.

Mais si l'on prétendait, contrairement à tous les textes rapportés ci-dessus, que l'acte d'abonnement a fait novation à la règle antérieure; qu'il a amplifié le droit de préférence, en étendant ce droit non-seulement sur les canaux particuliers, mais sur les branches mêmes du canal domanial, qu'importerait encore? Ce ne serait là qu'une condition temporaire, imposée aux abonnataires pour être exécutoire, *entre eux*, pendant la durée de leur abonnement; mais cette condition ne serait nullement applicable à l'État, dès qu'il rentrerait lui-même en possession de sa chose, ou bien dès qu'il en ferait l'aliénation à un tiers.

C'est ce qui va apparaître de la manière la plus claire par les dispositions du *règlement de l'OEuvre générale*, rendu suivant arrêté préfectoral du 29 août 1813 et approuvé par décret du 5 février 1814. Ce règlement, en ce qui touche l'application à faire des principes posés plus haut, porte :

« Art. 49. Les martellières de Mallemort (c'est-à-dire celles de la prise d'eau sur la Durance), « celles de Saint Joseph (c'est-à-dire celles du déversoir de sûreté placé immédiatement après la prise) « et celles de Donneau (c'est-à-dire celles qui divisent les eaux entre le canal des Alpines proprement « dit et la branche de Lamanon) sont sous la surveillance et la manutention de l'éclusier....

« Art. 52. L'éclusier est seul le distributeur des eaux ; il veille à ce qu'elles soient réparties *en conformité des titres*.

« Art. 53. Il met ou ôte l'eau *suivant les titres* et les demandes de chaque concessionnaire, en observant : 1° de ne donner de l'eau à un *canal* que lorsque celui qui lui est *antérieur par les titres* a son

« contingent; 2° de ne l'ôter d'une martellière que quand elle peut être versée dans une autre sans inconvénient, ou qu'après avoir diminué le volume d'eau dans le canal supérieur.

« ART. 54. Nul concessionnaire ne peut ouvrir ou fermer, élever ou abaisser ses vannes lui-même. « Chacun est tenu de s'adresser à l'éclusier.... (1). »

Quel est le véritable sens de ces dispositions, si le mot de *canal*, employé ici dans son acception la plus large, désigne successivement chaque partie du canal domanial, puis chaque canal particulier, selon la date de ses titres? Le véritable sens, la véritable application des règles imposées à l'éclusier de l'OEuvre générale, consiste à ouvrir d'abord les martelières de la prise d'eau pour dériver de la Durance un contingent égal à l'ensemble des concessions existantes, et, en cas d'insuffisance, tout le volume disponible à la prise; à ouvrir ensuite les martellières de Donneau, pour introduire par préférence dans le canal d'Orgon (le plus ancien par ses titres) la totalité de son contingent; puis dans celui de Lamanon la totalité du sien, si le volume disponible se trouve suffisant; puis, enfin, successivement dans chaque canal particulier, son propre contingent, en commençant par la ligne d'Orgon et en finissant par celle de Lamanon, jusqu'à épuisement du volume introduit : de telle sorte qu'en cas de pénurie, ce sera le canal le plus récent *par ses titres* qui, le premier, subira le déficit, et que ce même déficit atteindra successivement toutes les dérivations de la branche de Lamanon, avant de pouvoir affecter une seule des concessions formant le contingent de celle d'Orgon.

Telle est, disons-nous, l'application littérale, l'application forcée, du règlement de l'OEuvre générale, sous l'empire de l'acte d'abonnement, dans l'hypothèse où l'on prétendrait que cet acte a étendu le droit de préférence (jusque là limité aux canaux particuliers dérivés du canal domanial) sur les branches du canal domanial lui-même. Dans cette hypothèse, plusieurs faits demeureraient constants : le premier, c'est que ce mode de distribution, embrassant tous les canaux et toutes les branches comprises dans la gestion des abonnataires, n'existerait que sous l'empire de l'abonnement et cesserait d'exister avec lui; le second, c'est qu'il ne serait applicable qu'aux abonnataires *entre eux*; le troisième enfin, et le plus important, c'est que ce mode de distribution appliqué *par canaux*, suivant la date de *leurs titres*, conférerait une préférence incontestable au canal d'Orgon ou au canal des Alpines proprement dit, relativement à la branche ou au canal de Lamanon.

Et pour prouver surabondamment que ceci serait non moins conforme à l'esprit qu'à la lettre des dispositions invoquées, nous rappellerons que c'est là ce que disait, vers l'époque où s'élaborait le projet de l'acte d'abonnement, M. l'ingénieur en chef Sigaud, dans le rapport que nous avons mentionné ci-dessus, et qui porte que « *la branche de la Crau jusqu'au bassin de Lamanon n'était destinée qu'à recevoir* LE SUPPLÉMENT D'EAU A INTRODUIRE DANS LE CANAL.... »

Mais, en résumé, et dans tous les cas, pour constater quelles ont été réellement les conséquences de l'acte d'abonnement, nous disons que cet acte n'a dérogé en rien aux conditions

(1) Voir le texte complet du *Règlement* dans la collection de nos *Titres officiels*, p. 7.

déterminées par les titres antérieurs; que ces titres sont toujours restés exécutoires, et que le droit de priorité est toujours resté le même, c'est-à-dire tel qu'il a été primitivement défini par le contrat régulateur du 30 janvier 1783; que ce droit, dès lors, n'est applicable qu'aux usagers des *canaux particuliers*, relativement à la distribution des eaux qu'ils ont à faire *entre eux;*

Qu'en outre, même dans l'hypothèse où l'on voudrait que l'acte d'abonnement eût généralisé ce droit, en le rendant applicable à tous les usagers du canal domanial, sur les deux branches indistinctement, cette extension (qui aurait d'ailleurs pour effet, dans son application réglementaire, comme on vient de le voir, d'assurer la priorité au canal d'Orgon), n'existerait que *pendant la durée de l'abonnement*, et ne serait toujours relative qu'à la *répartition des eaux faite par les usagers entre eux.*

Lors donc que, par une circonstance quelconque, l'acte d'abonnement sera rompu, le régime antérieurement établi restera seul debout; et les seuls titres qui seront alors susceptibles d'être invoqués par les usagers, ce sont leurs actes de concession, en vertu desquels le propriétaire du canal s'est obligé (sauf les cas fortuits et sous certaines réserves) à amener l'eau à leurs prises, mais rien de plus.

CINQUIÈME PÉRIODE

RÉSILIATION PARTIELLE DE L'ACTE D'ABONNEMENT. — PROJET D'ADJUDICATION DES TRAVAUX D'ACHÈVEMENT DU CANAL DES ALPINES.

Pour avoir la tradition et l'intelligence complète des faits de cette cinquième période, il est indispensable de rappeler des précédents que nous n'avons point mentionnés jusqu'ici.

Nous avons vu que, par l'acte collectif signé à Eyguières, le 17 mai 1809, par les syndics de tous les arrosants du canal des Alpines, ceux-ci avaient unanimement proposé de se charger, par voie d'abonnement, de l'entretien du canal, aux lieu et place de l'Administration des domaines. Nous avons vu dans quels termes cette demande avait été faite et accueillie, en tout ce qui concerne le mode de distribution des eaux à effectuer *entre eux*. Mais pour prouver à l'Administration qu'elle avait elle-même intérêt à se décharger de l'entretien du canal, tout en gardant les sommes qu'elle avait déjà reçues pour prix des concessions, les pétitionnaires avaient exposé ce qui suit :

« En l'état, avaient-ils dit, la production du canal ne s'élève qu'à 7,565 fr., et peut aller, au bout de « neuf ans, jusqu'à 9,400 fr., en y faisant 3,165 fr. de dépenses. Les frais que ce canal occasionne sont

« annuellement de 9,677 fr. 7 s., et doivent aller à 11,247 fr. 7 s., ainsi qu'il est aisé de s'en convaincre « par les pièces justificatives à la suite de ce Mémoire. En y jetant un coup d'œil, on verra qu'en l'état « il coûte annuellement au Domaine 2,112 fr., et que toute l'amélioration dont il est susceptible, et en « supposant son succès complet, aboutirait à réduire cet excédant de dépense sur la production à « 2,080 fr. 7 s. 11 d. — Il est donc démontré que son entretien excède sa production, et, sous ce rap- « port, les acquéreurs des eaux du canal des Alpines ne devraient point envier une administration qui « n'est qu'onéreuse. Mais ils espèrent que, dans leurs mains, cette administration, dégagée des formes « qui aujourd'hui en sont inséparables, acquerra plus d'activité; préviendra, par de petits travaux, de « grandes dépenses; procurera des économies impossibles à espérer tant qu'elle sera dans les mains du « Domaine, et assurera, par l'exactitude et l'opportunité des réparations, l'introduction des eaux, qui n'est « jamais différée qu'au grand détriment de l'agriculture. »

L'Administration des domaines, frappée de ces raisons, n'hésita point à accorder aux abonnataires *la jouissance des francs-bords*, celle de *tous les bâtiments et locaux existants et nécessaires à la manutention du canal*, plus la jouissance de *toutes les rentes restant dues au Domaine pour prix des concessions antérieures*, à charge seulement par eux d'entretenir le canal *dans un bon état de réparations.* (Voir les articles 1, 2 et 3 de l'acte d'abonnement.)

Cet entretien devait comprendre les deux branches et toutes les dépendances du canal. C'est en ce sens que l'Administration présenta le projet de cahier des charges destiné à être soumis à l'acceptation des intéressés. Mais ceux-ci, *en ce qui touche l'entretien de la branche d'Orgon*, crurent devoir présenter les objections suivantes :

« Il est dans la branche d'Orgon, dirent-ils, une portion que les concessionnaires ne pourraient se « charger d'entretenir : c'est le *Percé* ou la *Mine d'Orgon*, qui, par ses arceaux, soutient une colline. Cet « ouvrage, digne de la magnificence de l'ancienne Provence, peut exiger des dépenses *absolument au-des- « sus des moyens des concessionnaires.* La chute d'un arceau peut entraîner celle du terrain supérieur; le Gou- « vernement seul a le pouvoir et les ressources convenables pour y remédier. — D'un autre côté, la branche « d'Orgon est *exposée à être emportée par la Durance*... Il serait peut-être impossible de rétablir cette branche, « si elle était une fois emportée... On sent combien *de pareils ouvrages sont au-dessus de la force des abonna- « taires*... »

En conséquence, et en conformité de ces observations, le projet de cahier des charges fut modifié; et l'Administration des domaines, que les pétitionnaires prétendaient affranchir d'une gestion onéreuse, finit par garder à sa charge tout ce qu'il y avait de réellement onéreux dans cette gestion, en ajoutant au texte de l'acte d'abonnement les dispositions suivantes :

« Art. 4. Les abonnataires seront tenus d'entretenir les deux branches du canal, tant celle de Lama- « non que celle d'Orgon, *excepté la grande mine ou aqueduc dépendant de cette seconde branche.* — Dans le cas « où la branche d'Orgon serait emportée par la Durance, *ils ne seront point tenus de la rétablir*, et ils seront « même déchargés de l'entretien de ladite branche jusqu'à ce que le Gouvernement l'ait fait rétablir. — *La « construction et l'entretien des ponts* placés sur la grande route, aux points où elle traverse le canal, *demeu- « reront à la charge du Gouvernement*, etc. »

Telle est la situation qui fut faite à l'État par cet acte d'abonnement. Il n'en résulta pour lui que des charges sans compensation. Or, sous l'empire d'une telle situation, il est clair que l'État n'eut plus qu'un intérêt, celui de s'affranchir au plus tôt des charges qui allaient ainsi peser sur lui, spécialement sur la branche d'Orgon.

Cet intérêt, heureusement, pouvait se combiner avec une pensée éminemment utile, avec la pensée de confier à une Compagnie le soin de reprendre l'exécution de l'œuvre inachevée du canal, en la chargeant implicitement des frais d'entretien de la branche d'Orgon, pour prix et comme conséquence de la jouissance qui lui serait conférée de la portion exécutée de cette branche.

Nous allons emprunter à la *Statistique du département des Bouches-du-Rhône* (t. III, p. 719) le détail des faits qui suivirent :

« Dès 1816, M. de Villeneuve, préfet de ce département, crut devoir entretenir le Conseil général de la « nécessité de terminer ce canal. Il ne lui fut pas difficile de démontrer que rien ne pouvait être plus « avantageux que les arrosages accordés aux importantes communes qui occupent les plaines de Saint-« Rémy et de Tarascon, et que l'exécution de ce plan pouvait avoir lieu facilement, au moyen d'une Com-« pagnie, qui ferait elle-même de grands bénéfices en rendant le service le plus signalé au Gouvernement « et aux propriétaires.

« Le Conseil émit le vœu le plus formel que cette amélioration n'éprouvât aucun retard. Le mi-« nistre de l'intérieur autorisa l'emploi d'une somme destinée à couvrir les frais qu'entraîneraient les opé-« rations préalables, et ces opérations furent commencées dès 1817, sous la direction de MM. les ingé-« nieurs des ponts et chaussées.

« Dans sa session de 1818, le Conseil général put se former une idée précise de la possibilité et des ré-« sultats de cette belle entreprise : pour la continuer et régulariser la dépense déjà faite, il fut porté sur « le budget de 1818 une somme de 7,000 fr., et une autre de 1,500 fr. sur celui de 1819; enfin ce travail, « *terminé en mars* 1820, put être mis sous les yeux du Gouvernement pour le faire examiner sous le rapport « de l'art, et ensuite en autoriser l'exécution par les moyens les plus convenables. Voici le résumé du pro-« jet, tel qu'il a été tracé et expliqué dans les plans et devis.... »

Il est bon de noter ici que l'exposé que nous reproduisons est l'œuvre du préfet lui-même, M. le comte de Villeneuve, qui, par les bienfaits de sa laborieuse administration, a acquis tant de titres à la reconnaissance du département tout entier. Il y est démontré que le projet de 1820 n'est que la suite perfectionnée du projet de 1773; que, pour l'exécuter, une nouvelle prise d'eau est reconnue indispensable; qu'il y a lieu de la construire *à 310 mètres plus haut que l'ancienne;* que la largeur du canal à prolonger dans la direction de Saint-Rémy et de Tarascon devra être *de 6 mètres à la cuvette, et de 16 mètres à la ligne d'eau, à 2 mètres de profondeur; qu'il devra fournir à une dépense de 53 moulans par seconde*, c'est-à-dire à environ *14 mètres cubes d'eau*; mais que *3 mètres en sus sont destinés aux arrosages de Saint-Andiol, d'une part, et de Mollégès et Eygalières, de l'autre; que ces quantités sont toutefois indépendantes encore de la dérivation de Lamanon.*

Le projet ainsi conçu devait se réaliser sous le patronage de ce haut fonctionnaire. Mais, pour en rendre un compte encore plus exact, nous citerons le Mémoire explicatif de l'auteur du projet lui-même, M. Garella, ingénieur en chef du département, à la date du 25 mars 1820, dont nous avons déjà reproduit un passage en traçant l'historique des plus anciens projets :

« Cette branche principale (la branche-mère entre Orgon et Saint-Rémy), qui doit fournir de l'eau à « tous les canaux de dérivation, est projetée, disait-il, sur 6 mètres de largeur à la cuvette, 12 mètres à « la ligne d'eau et 2 mètres de profondeur. La vitesse moyenne de l'eau, dans cette première partie, dont « la pente sera de 1 pour 4,000, sera suffisante pour fournir à une dépense de 72 *moulans* d'eau par se- « conde (18 *mètres cubes environ*), quantité supérieure à celle qui est nécessaire pour l'irrigation des terres « qui peuvent être mises à l'arrosage *dans les dix-neuf communes* que le canal doit traverser. »

La précision de ces détails atteste qu'il n'y avait rien d'exagéré dans les énonciations rapportées par le préfet lui-même pour donner la mesure de l'importance du projet. Le canal à diriger sur Saint-Rémy et Tarascon devait donc, à lui seul, présenter un débit supérieur à celui qui constitue aujourd'hui le maximum de portée des deux branches réunies d'Orgon et de Lamanon. En ajoutant aux 18 mèt. ci-dessus les 8 mèt. environ restant affectés à la région de la Crau, le débit total de la prise commune aurait été de 26 mèt., soit de 100 moulans environ. Il est constant que, *dans ces conditions*, l'ancienne prise, créée uniquement pour 60 moulans, devenait insuffisante, et qu'il fallait y suppléer par des ouvrages nouveaux. C'est aussi ce que portait le projet; et le projet ne constatait cette nécessité de construire une nouvelle prise qu'à cause du débit de 72 *moulans* réservé à la seule branche d'Orgon.

Mais, dans la pensée de l'Administration, l'exécution de ce grand ouvrage devait, comme nous venons de le dire, être confiée à une Compagnie. Le devis de M. Garella en portait la dépense à 3,300,000 fr.; et, à ce prix, cet ingénieur considérait l'opération comme devant être très lucrative. Les conditions qu'il proposait consistaient, d'ailleurs, à accorder à la Compagnie :

1° *La propriété à perpétuité du canal, de ses francs-bords et de toutes ses dérivations;*

2° L'autorisation de percevoir un droit équivalent à la valeur de *deux litres de blé* pour chaque are de terre arrosée, soit, au prix de cette époque, un droit annuel d'environ 50 fr. par hectare ;

3° La faculté de construire des usines sur le canal et sur toutes ses dérivations, etc.

Ces conditions étaient à ses yeux de nature à procurer à la Compagnie, lorsque ses arrosages seraient en pleine activité, un revenu annuel d'au moins 500,000 fr., assuré d'ailleurs par des souscriptions préalables, recueillies dans les dix-neuf communes intéressées, et s'élevant à 8104 hectares, selon les délibérations de ces communes.

M. Garella ajoutait que le canal, indépendamment du bienfait de l'irrigation, apporterait encore à la contrée celui du desséchement d'une grande étendue de marais, à l'aide des colmatages, si efficaces et si prompts, qu'on obtient des eaux de la Durance. De là une nouvelle source de produits, représentant une prime d'environ 600,000 fr., à prendre sur la plus-value des terrains qui seraient desséchés.

« Les eaux du canal, disait aussi sur ce point M. de Villeneuve, peuvent être employées utilement

« pendant les huit mois où les terres ne s'arrosent pas, à l'atterrissement successif des marais de Mollégès, « Noves, Saint-Gabriel, Tarascon, et surtout de ceux des Baux, qui ont été reconnus indesséchables par « écoulement. Tous ces marais, auxquels on peut joindre ceux du Trébon, rive gauche du Rhône, entre « Tarascon et Arles, pourraient être en moins de dix ans atterris, au moyen des eaux troubles que la Du-« rance roule continuellement; et ainsi se trouveraient rendus à la culture environ 3,000 hectares d'excel-« lents terrains.... Tel a été, ajoutait-il, le projet soumis au Gouvernement. »

Ce projet fut approuvé par M. le Directeur général des ponts et chaussées, le 13 juin 1820, et par M. le Ministre de l'intérieur, le 24 du même mois.

Il ne manquait donc plus qu'une Compagnie disposée à faire les frais de l'entreprise.

Or, par une soumission de 15 janvier 1823, MM. le vicomte Chaptal, de Belisle, Bérard et Bodin frères offrirent à l'État d'exécuter, dans le délai de dix ans, tous les travaux nécessaires à l'achèvement du canal des Alpines. Conformément aux conclusions qui avaient été précédemment formulées dans le rapport de M. Garella, ils demandaient :

« La concession à perpétuité du canal, *de ses francs-bords et de toutes ses dérivations*, y compris la partie « creusée aux frais du Gouvernement, *depuis la prise d'eau de la Durance jusqu'à la sortie du percé de la mon-« tagne d'Orgon*, avec les *terrains*, *constructions* et *bâtiments* qui en dépendent;

« L'autorisation de percevoir à perpétuité, et chaque année, un droit d'arrosage, dont le maximum se-« rait fixé à *deux litres de blé*, première qualité du pays, sur chaque are de terre arrosée.... »

Plus, diverses exemptions ou atténuations d'impôts; plus, une part contributive à exiger de l'association des abonnataires pour la construction d'une nouvelle prise d'eau, destinée à devenir commune aux deux branches, etc., etc.

Cette soumission, calquée en quelque sorte sur le projet même de l'Administration, impliquait, comme on le voit, la suppression ou l'altération radicale des conditions qui avaient servi de base à l'acte d'abonnement.

Ce que demandaient les soumissionnaires, en effet, n'était pas autre chose que ce dont les abonnataires eux-mêmes se trouvaient investis en vertu de cet acte, c'est-à-dire l'administration du canal et de la prise, les terrains, constructions et bâtiments, le produit des francs-bords, etc. Il fallait, dans ces termes, ou rejeter la soumission, c'est-à-dire le projet qu'avait approuvé le Gouvernement, ou faire novation aux titres constitutifs de l'OEuvre générale. La discussion s'engagea sur ce terrain, et il n'y eut surprise pour personne.

L'Admininistration des domaines commença par protester contre cette dérogation flagrante aux stipulations en vigueur. Elle se fit une arme de l'atteinte portée au contrat d'abonnement pour combattre d'abord le projet présenté. Mais l'Administration des ponts et chaussées, jugeant la question plus au fond qu'à la forme, répondit que l'intérêt même des abonnataires, sainement et loyalement apprécié, devait les déterminer à souscrire eux-mêmes à ce changement : c'était dire que, s'ils s'y refusaient, le Gouvernement, poursuivant l'accomplissement du bienfait réclamé par la contrée, devrait se prévaloir contre eux de leur intérêt même, pour les soumettre, bon gré mal gré, aux conséquences de l'œuvre d'utilité publique qu'il lui importait dans tous les cas de décréter.

« Bien loin d'éprouver aucune perte, disait M. l'ingénieur en chef directeur du département, *par la « privation des revenus des francs-bords du canal, depuis la prise jusqu'à Orgon*, la société des abonnataires y « gagnera environ 3000 fr. sur les dépenses de cet entretien.... »

Il était donc bien entendu que les abonnataires seraient *privés des revenus des francs-bords*, contrairement aux stipulations de leur cahier des charges, et que, partant, les conditions de leur abonnement allaient être rompues.

Ce chef de service ajoutait que l'ancienne prise du canal serait utilement remplacée, pour le service commun des deux branches, par la nouvelle prise d'eau projetée, et concluait que

« Les abonnataires, ayant un *intérêt direct à la construction de la nouvelle prise*, devaient être appelés *à « contribuer aux dépenses de sa construction, etc....* »

C'était encore là une évidente dérogation aux dispositions du régime antérieur.

Mais tout cela n'en constituait pas moins la conclusion officielle de tous les rapports relatifs au projet d'achèvement du canal. L'on est donc forcé de reconnaître que, pour l'exécution de ce projet, les intentions formelles de l'Administration étaient d'adopter toutes les mesures nécessaires pour contraindre, au besoin, les abonnataires à céder aux légitimes exigences de l'intérêt général, que l'on voulait satisfaire à tout prix.

Des préventions très graves existaient, d'ailleurs, dans l'esprit de l'Administration, contre les tendances des représentants de la branche méridionale, que l'on supposait à bon droit enclins à entraver l'extension des arrosages à effectuer par la branche d'Orgon : M. Garella, en effet, constatait, d'une part, que

« La branche d'Orgon, primitivement destinée à porter les eaux de la Durance sur le territoire des dix- « neuf communes de la Viguerie de Tarascon, n'était plus à ce moment qu'*un étroit fossé dans lequel il ne « coulait que 3 moulans 3/4, plus 454 pouces d'eau*, tandis que celle de Lamanon, qui porte ses eaux sur la « Crau, en distribuait un volume de 25 moulans 1/2. »

Il s'efforçait, d'autre part, de déjouer les résistances qu'il prévoyait de la part des abonnataires, en déclarant qu'il ne pouvait être que désavantageux à la réussite du projet de les consulter d'avance :

« 1° Parce qu'il est à craindre, disait-il, qu'ils ne s'opposent à l'achèvement du canal (branche d'Or- « gon), qui leur enlèvera l'espérance de pouvoir par la suite augmenter, au prix de 12,000 fr. le moulan, « le nombre de ceux dont ils jouissent actuellement;

« 2° Parce que, disposant du canal à leur volonté, ils y introduisent un volume d'eau plus considérable « que celui auquel ils ont droit, ce qui leur fournit les moyens d'arroser une bien plus grande étendue de « terres que s'ils étaient restreints à celui qui leur est dû;

« 3° Parce qu'enfin la concession à perpétuité du canal leur enlèvera l'espoir d'obtenir le renouvelle-
« ment d'un abonnement aussi avantageux pour eux qu'onéreux pour le Gouvernement (1)..... »

C'est sous l'empire de ces idées, c'est avec l'intention bien arrêtée de ne point souffrir que cette rivalité mesquine vint, sans motif d'intérêt avouable, mettre obstacle à l'accomplissement de l'œuvre projetée, que M. le préfet des Bouches-du-Rhône soutint avec énergie auprès du Gouvernement les conclusions de M. Garella. — M. le Directeur des Domaines s'était, d'ailleurs, associé aux mêmes vues, dans une conférence où l'avait appelé le Préfet, le 21 février 1824; et c'est à la suite de cette conférence que les combinaisons adoptées furent exposées à M. le Ministre des finances, le 17 mars suivant, par M. de Villeneuve, qui exprima formellement l'avis :

« D'insister sur la cession de la branche-mère, en mettant à la charge des soumissionnaires tous les frais « de construction de la nouvelle prise, ceux d'entretien de cette branche et de la branche septentrionale, « et l'obligation de fournir à la branche méridionale toutes les eaux concédées jusqu'à ce jour.

« La soumission réduite aux termes ci-dessus, la branche méridionale du canal, disait-il, resterait seule « domaniale.

« Donner de l'eau aux champs de la Provence (ajoutait de sa main M. de Villeneuve) qui, formés d'un sol « sec et aride, brûlés par le soleil, ont essentiellement besoin d'irrigation, c'est faire le bonheur d'une con- « trée industrieuse et dévouée ; c'est terminer un ouvrage commencé par les États de Provence dans les der- « nières années du règne de Louis XVI, et dont la Révolution a seule pu arrêter l'achèvement; c'est ac- « croître les revenus de l'État, sans qu'il lui en coûte autre chose qu'un acte de concession.

« Comment de tels avantages seraient-ils arrêtés par quelques difficultés, qui tiennent plus à la forme « qu'au fond? Et serait-il possible qu'elles devinssent insurmontables, et que ces avantages fussent « refusés aux vœux d'une population intéressante et d'une administration éclairée, lorsqu'il ne s'agit que « d'achever une entreprise commencée à une époque où les intérêts de l'État et ceux des localités se trou- « vaient si souvent en contact? Si on les a vaincus alors, ces obstacles, comment l'emporteraient-ils « maintenant que le Gouvernement a tant de force et de moyens pour assurer l'exécution d'un projet si « éminemment utile ? »

Un langage pareil, si bien fait pour impressionner le ministre, ne pouvait manquer d'avoir pour résultat de vaincre l'influence de ces hostilités locales. C'était une résolution bien prise, qui puisait d'ailleurs une force irrésistible dans les motifs d'intérêt général qui se combinaient avec l'intérêt du Gouvernement lui-même. Aussi l'instruction de l'affaire se termina-t-elle par la présentation aux Chambres d'un projet de loi conforme à ces idées, qui fut adopté le 7 juin 1826, et dont nous aurons à parler ci-après.

Mais, tandis que ces faits s'accomplissaient, tandis que l'on élaborait ainsi le projet de *concession des travaux d'achèvement de la branche septentrionale du canal des Alpines*, et que, par

(1) Voir les extraits plus amples des documents administratifs que nous avons reproduits p. 11 à 14 de notre collection de Titres officiels.

conséquent, on préparait la résiliation libre ou forcée de l'acte d'abonnement, cet acte n'en subsistait pas moins, et ses dispositions n'en devaient pas moins, en attendant, recevoir une application régulière. Depuis 1809, il n'avait plus été fait de *ventes* ou de *concessions d'eau* ni sur l'une ni sur l'autre branche de ce canal. Mais, des demandes nouvelles étant faites, par application de l'art. 8 de l'acte d'abonnement, il convenait de déterminer pour l'avenir le mode et les conditions de payement du prix de celles qui pourraient être accordées, cela étant surtout nécessaire pour régler la part revenant sur ce prix à l'OEuvre générale, comme chargée de l'entretien, et à l'Etat, comme propriétaire du canal.

Il est à remarquer, en effet, que le cahier des charges et le règlement de l'OEuvre générale n'avaient rien prévu à cet égard.

Tel fut, en conséquence, l'objet d'une décision rendue par l'Administration supérieure des domaines, à la date du 20 mai 1825.

Par cette décision M. le ministre des finances disposa que le préfet continuerait à statuer sur les demandes en concessions d'eau, *après avoir pris l'avis du directeur des Domaines, de l'OEuvre générale et de l'ingénieur attaché au canal;* que les actes de concession seraient passés *en présence du directeur des Domaines et du syndic de l'OEuvre générale;* que le prix de chaque moulan d'eau consisterait en une redevance, évaluée d'après le prix du blé sur la moyenne des mercuriales, et représentant une somme égale au vingtième de celle reconnue représentative du principal de 12,000 fr., soit en argent une contribution annuelle de 600 fr. à verser, savoir : *deux cinquièmes* à la caisse du Domaine, et *trois cinquièmes* à celle de l'OEuvre générale. Pour tout le reste, sont reproduites les dispositions mêmes de l'acte d'abonnement concernant la priorité réservée aux anciens concessionnaires sur l'usage des eaux. Il est dit notamment que les nouveaux concessionnaires *devenus par le fait seul de leur concession membres de l'OEuvre générale* devront faire, *au seuil de leurs martellières ou prises d'eau*, les ouvrages d'art nécessaires pour assurer aux premiers la préférence par rang de date, et qu'il leur sera fait transport de la faculté d'introduction des eaux à eux concédées *dans les canaux ou bassins particuliers dont la propriété n'appartient point au Gouvernement*, telle que cette faculté est réservée par l'acte du 30 janvier 1783 (1).

Sur ces bases, l'Administration procède à l'instruction des nouvelles demandes. Mais il est évident que ces demandes de *ventes ou de concessions d'eau sur le canal*, à faire par l'Etat à de nouveaux *usagers*, sous l'empire de l'acte d'abonnement, n'ont aucun rapport avec le *projet de concession des travaux d'achèvement du canal*, à confier à une compagnie qui sera elle-même chargée, aux lieu et place de l'Etat, lorsqu'elle sera investie de la propriété du canal, de faire aux usagers des *ventes ou des concessions d'eau semblables*.

Par un acte passé au secrétariat de la préfecture, à la date du 18 janvier 1826, par M. de Villeneuve, préfet, *en présence du directeur des Domaines, et du syndic de l'OEuvre générale*, il est fait concession d'un quart de moulan d'eau à dériver de la branche d'Orgon au profit de M. le marquis de Bausset.

(1) Voyez le texte entier de cette décision, *ibid.*, p. 14.

Voici, conformément aux textes ci-dessus, les dispositions insérées dans cet acte :

« Le nouveau concessionnaire, devenu par le fait de sa concession membre de l'OEuvre générale, « payera la quote-part relative à son volume d'eau.

« Il sera établi *au seuil de sa martellière ou prise d'eau*, et à ses frais, les ouvrages d'art convenables et « nécessaires pour assurer aux concessionnaires antérieurs une préférence par rang de date....

« Le nouveau concessionnaire aura la faculté de faire des eaux à lui concédées le même usage qui a été « accordé aux anciens par l'article 8 de l'acte du 30 janvier 1783. Il jouira en tout temps des mêmes droits « et prérogatives, sauf la réserve prévue ci-dessus pour la préférence aux concessionnaires antérieurs, par « rang de date de leur concession.

« Si les eaux concédées devaient être introduites *dans des canaux ou bassins particuliers*, *dont la propriété « n'appartînt point au Gouvernement*, il est fait transport au nouveau concessionnaire de la faculté d'intro- « duction réservée au Gouvernement par l'acte passé le 30 janvier 1783 entre les anciens États de Provence « et les premiers concessionnaires.

« ..... Le nouveau concessionnaire demeure, en outre, soumis à *toutes les obligations qu'ont contractées « ceux qui tiennent, soit des anciens États de Provence, soit de l'Administration moderne, des concessions de même « nature....* »

Qu'est-ce à dire que tout cela, sinon que les règles posées par l'acte du 30 janvier 1783 ne cesseront pas d'être appliquées, et que le droit de préférence dont il s'agit ici n'est autre que celui que cet acte définit, c'est-à-dire celui qui circonscrit expressément *sur les canaux particuliers*, empruntés par les nouveaux concessionnaires, les relations de préférence que les uns et les autres doivent avoir *entre eux* ?

Et ce qui prouve jusqu'au bout qu'il n'est pas possible d'entendre les choses autrement, c'est que le seul moyen prescrit *pour assurer cette préférence* est l'obligation imposée au nouveau concessionnaire de faire à cet effet, *au seuil de sa martellière ou prise d'eau*, les ouvrages d'art convenables et nécessaires. — Or, il suffit de savoir que le quart de moulan d'eau concédé à M. de Bausset doit être dérivé non point directement du canal des Alpines, mais du fossé de la Baronnerie établi d'abord pour la concession du sieur Astre, et que *la martellière ou prise d'eau* du nouveau concessionnaire doit être établie sur un point de ce fossé fort éloigné du canal, dans le but unique de conduire l'eau de ce fossé jusqu'à sa propriété. Il n'est donc pas possible qu'un ouvrage quelconque fait *au seuil de sa martellière* agisse de manière à assurer la préférence à ceux des concessionnaires qui reçoivent les eaux, soit directement du canal, soit des autres dérivations. Cela n'étant possible qu'à l'égard des concessionnaires du fossé de la Baronnerie, on est forcé d'en induire que la seule préférence qu'on ait prétendu *assurer* est celle-là qui seule peut par ce moyen être assurée. Il est donc au suprême degré manifeste qu'à moins de supposer l'absurde, il n'a jamais été entendu qu'une chose, c'est que la préférence ainsi réservée et ainsi assurée n'existe qu'à l'égard des concessionnaires d'une même dérivation, d'un même canal particulier, *entre eux*.

Nous répétons ici toujours la même chose, parce que, depuis le premier jour jusqu'au dernier, c'est toujours le même système que les textes consacrent. Nous ajoutons que, depuis cette époque, toutes les concessions plus récentes ont invariablement reproduit les mêmes dispositions. C'est toujours l'acte du 30 janvier 1783 qui sert de règle; c'est toujours par le même moyen, c'est-à-dire par les ouvrages à construire *au seuil des martellières* de chaque nouveau concessionnaire, qu'on entend réserver la priorité aux plus anciens ayant-droit. La solution du débat réside donc tout entière dans l'interprétation exclusive de cet acte.

Par ces motifs, nous ne citerons que les dates des dernières concessions que nous n'avons point encore mentionnées. Elles sont toutes conçues dans des termes absolument semblables :

Le 8 avril 1826, un demi-moulan à prendre sur la branche de Lamanon a été concédé au sieur Monier, propriétaire à Salon.

À la même date, et sur la même branche, un huitième de moulan au sieur Esmenard, idem.

Id., sur la branche d'Orgon, un demi-moulan aux arrosants des Sigauds, à Sénas.

Le 25 septembre de la même année, sur la branche de Lamanon, un quart de moulan au sieur Mégy, à Salon.

Le 30 octobre suivant, sur la même branche, un huitième de moulan aux arrosants d'Alleins.

Le 30 janvier 1827, sur la branche d'Orgon, un demi-moulan, pour le service d'un moulin à farine, au sieur Saunier, d'Orgon.

Le 26 octobre 1828, sur la branche de Lamanon, deux moulans et demi aux arrosants de Langlade.

Le 3 mars 1830, sur la branche d'Orgon, trois quarts de moulan, pour servir à l'exploitation d'un moulin à farine, au sieur Debout, d'Orgon.

Le 23 juillet 1834, sur la même branche, un tiers de moulan, pour le service d'un moulin, au sieur Martin, d'Eygalières.

A la même date, sur la branche de Lamanon, un tiers de moulan à M. de Florans, de Miramas.

Le 19 décembre 1834, sur la même branche, un huitième de moulan à M. Valgalier, d'Eyguières.

Le 30 juin 1836, sur la même branche, un moulan à M. de Grignan, à Aix.

Le 5 avril de la même année, sur la branche d'Orgon, deux moulans au sieur Kilgour, négociant, à Manchester.

Le 4 septembre 1837, sur la branche de Lamanon, un huitième de moulan à M. Raybaud, d'Eyguières.

Enfin, le 14 juillet 1841, sur la même branche, un demi-moulan à la Compagnie d'Istres et d'Entressens.

Le texte de chacun de ces actes reproduit littéralement celui de l'acte de M. de Bausset, et le relevé que nous venons d'en faire complète la série de toutes les ventes ou concessions d'eau faites aux propriétaires riverains, sur l'une ou l'autre branche du canal des Alpines. Il nous importe surtout de faire remarquer que, dans le relevé de tous ces titres, nous n'avons omis aucune disposition susceptible d'être invoquée contre nous, dans l'application des idées sujettes à controverse.

Nous allons maintenant reprendre l'exposé des faits relatifs au projet d'achèvement de l'OEuvre commencée en 1773 par les Etats de Provence.

On voit déjà que le projet d'adjudication de cette grande entreprise n'a rien de commun avec les ventes ou concessions d'eau que nous venons d'énumérer. Ce sont là des affaires entièrement distinctes, faisant l'objet d'instructions à part. Les formes mêmes de ces ventes, faites ou à faire, par actes de la préfecture, aux propriétaires riverains, sont surtout sans rapport avec les formes qui vont être suivies pour l'adjudication des travaux d'achèvement du canal.

Ici, au lieu d'un acte dressé au secrétariat de la préfecture en présence du syndic de l'OEuvre générale et du directeur des Domaines, il s'agit d'UNE LOI.

Pour l'élaboration de cette loi, les administrations ont déjà formulé leurs conclusions. La Direction générale des domaines s'est rendue aux vues du préfet et aux propositions des ingénieurs. Une soumission a été présentée : on entend l'accepter. Les conditions proposées entraînent la résiliation partielle ou totale, volontaire ou forcée, de l'acte d'abonnement : on entend résilier cet acte. M. le directeur général des ponts et chaussées adresse, le 6 août 1825, à M. le ministre de l'intérieur, le projet de loi à présenter aux Chambres. Notons que ce projet, étant l'œuvre de l'Administration des ponts et chaussées, ne comporte d'autre interprétation que celle qui résulte des rapports mêmes qui émanent de cette Administration. Or, M. le directeur général en expose toute la portée, d'un seul mot, en disant au ministre qu'à l'appui du projet de loi, il a fait rédiger *un projet de cahier des charges dont les principaux articles sont ceux-là mêmes de la soumission Chaptal.* — C'est donc un changement complet des conditions de l'acte d'abonnement que la loi, ainsi que la soumission Chaptal, a en vue; et, l'adjudication que la loi va prescrire se rapportant aux travaux dont le projet, dressé par M. Garella, a été approuvé le 13 juin 1820 par M. le directeur général des ponts et chaussées, il est constant qu'il va être fait novation aux titres régissant antérieurement le canal.

Mais, si la pensée de la loi n'était pas suffisamment exprimée, elle ressortirait, de la manière la plus explicite, des dispositions du *projet de cahier des charges* présenté à l'appui.

Ce projet, en effet, porte :

« Art. 1er. — La Compagnie s'engage à exécuter et terminer tous les travaux, etc.

« Art. 2. — Elle sera tenue de se conformer aux plans approuvés par M. le directeur général des ponts « et chaussées le 13 juin 1820, etc.

« Elle s'oblige, en outre, à ouvrir un nouveau canal par lequel les eaux arriveront dans celui d'Orgon, « un peu au-dessous du pont Donneau, *après avoir passé sous la branche-mère du canal domanial par le moyen « d'un aqueduc à siphon.*

« Art. 3. — Pour indemniser la Compagnie des dépenses qu'elle s'engage à faire d'après l'article qui « précède, et sous la condition qu'elle en remplira toutes les obligations, *le Gouvernement lui abandonne à*

« *perpétuité la concession du canal septentrional des Alpines à ouvrir, de ses francs-bords et de toutes ses dériva*
« *tions*, y compris celle de ce canal, connu sous le nom de Canal d'Orgon, creusé aux frais du Gouverne-
« ment, *depuis le pont Donneau jusqu'à la sortie du percé de la montagne d'Orgon*, avec les bâtiments, construc-
« tions et terrains qui en dépendent, à la charge de conserver aux abonnataires actuels *la disposition du*
« *volume d'eau qu'ils ont acquis* SUR LE CANAL D'ORGON pour l'arrosage de leurs terrains, et dont ils jouissent
« conformément aux titres qui établissent leurs droits à cet égard, et de satisfaire aux obligations du
« Gouvernement *à l'égard desdits abonnataires*, etc., etc. »

On voit par là que l'Administration a l'intention d'isoler les deux branches, d'en faire deux canaux séparés, celui d'Orgon devant prendre ses eaux à la Durance, *en amont* de celui de Lamanon. On voit que l'adjudicataire de la nouvelle entreprise devra, aux lieu et place de l'État, desservir les concessions d'eau faites sur la branche d'Orgon, et que, par suite, tout lien entre les abonnataires de l'une et de l'autre branche cessera d'exister.

Nous citons ces dispositions, quoiqu'elles n'aient point été appliquées et quoiqu'elles ne soient plus applicables aujourd'hui. Nous voudrions, pour notre part, que le projet de cette époque eût été définitivement adopté ; mais ce cahier des charges n'a jamais été qu'un *projet*, selon l'expression même de M. le directeur général des ponts et chaussées, projet que le texte de la loi ne mentionne pas, et qui, plus tard, a été remplacé par d'autres conditions. Nous citons ces dispositions seulement pour montrer quelle était la pensée de l'Administration, et par conséquent l'intention de la loi. Or, il ressort très clairement de l'intention de la loi plusieurs vérités importantes :

1° La nouvelle entreprise devant s'exécuter selon le projet de M. Garella, le volume d'eau à dériver de la Durance devait être d'environ 72 moulans (18 mètres cubes par seconde) au profit des seules communes de l'ancienne Viguerie de Tarascon.

2° Une nouvelle prise d'eau sur la Durance devant être construite, comme conséquence nécessaire d'un débit si considérable, elle devait l'être *en amont de l'ancienne ;* ce qui assurait une *priorité de fait* au canal d'Orgon, qui déjà possédait la *priorité des titres*.

3° Il était entendu de la manière la plus formelle que la portion anciennement exécutée de la branche d'Orgon, avec bâtiments, constructions et terrains, devait être distraite de l'abonnement de l'OEuvre générale, pour être attribuée sans restriction à la Compagnie adjudicataire des travaux d'achèvement, à charge par celle-ci de remplir les obligations de l'État envers ceux des abonnataires qui avaient des prises d'eau ouvertes *sur cette branche*.

4° Enfin, les intérêts des deux branches devant ainsi se trouver isolés, l'abonnement de l'OEuvre générale se trouvait nécessairement rompu.

Il devient, dès lors, manifeste que l'adjudicataire de la branche d'Orgon ne pouvait rien avoir à démêler avec les abonnataires de la branche de Lamanon; qu'aucune disposition de l'acte d'abonnement ne lui était applicable; qu'enfin, loin d'avoir des préférences à réserver aux abonnataires de Lamanon, il avait sur eux une préférence de fait, comme de droit, puisqu'il devait avoir une prise supérieure à la leur, et qu'il se trouvait substitué par la loi aux droits comme aux obligations de la province et de l'État, relativement à l'alimentation de la plus ancienne des deux branches, qui était le canal des Alpines proprement dit.

La loi proposée dans ce sens fut dans ce sens adoptée.

Une commission, nommée par la Chambre des députés, chargea M. Strafforello, député d'Arles, de lui faire un rapport sur le projet de loi. Certainement, si des objections avaient dû se produire, elles auraient eu pour organe ce représentant d'une localité qui était et qui n'a cessé d'être le centre des oppositions soulevées par l'Œuvre générale. Mais aucune objection ne fut émise par M. Strafforello. Au contraire, le rapporteur défendit la loi, et, *sans y changer un iota*, il invoqua en faveur de son adoption les dispositions mêmes du projet de cahier des charges, en disant :

« Pour prévenir toutes les difficultés qui pourraient s'élever entre la compagnie qui deviendra concessionnaire, le Gouvernement et les *abonnataires de la nouvelle branche du canal*, il a été arrêté, d'après les renseignements qui ont été fournis à votre commission par la Direction générale des ponts et chaussées, qu'elle modifiera le projet en isolant les intérêts de chacun. A cet effet, au lieu de remplacer par une autre prise la prise d'eau actuelle, il en sera établi une séparée au-dessous de Mallemort : cette nouvelle prise viendra aboutir au canal d'Orgon et alimentera les irrigations de la compagnie, indépendamment de la branche-mère...

« La portion de ce canal déjà exécutée, depuis le pont Donneau jusqu'à la sortie du percé d'Orgon, *ainsi que les terrains et bâtiments qui en dépendent*, seront gratuitement abandonnés au concessionnaire, qui demeurera chargé de remplir les engagements de l'État *vis-à-vis des abonnataires actuels*.

« L'intérêt du Trésor ne sera point lésé par l'abandon gratuit de la partie comprise entre le pont Donneau et l'extrémité du percé d'Orgon, puisqu'elle ne forme plus qu'un étroit ruisseau, tellement encombré qu'il faudra le recreuser et l'agrandir ; que, dans l'état, il procure moins de revenus qu'il n'exige de frais pour son entretien ; qu'il est d'ailleurs affermé jusqu'à l'année 1873, et que le concessionnaire, *substitué aux droits du Gouvernement*, le sera également aux charges vis-à-vis des abonnataires actuels. »

Le rapporteur prévoit des difficultés ; mais prévoit-il des difficultés entre la compagnie qui deviendra concessionnaire et les abonnataires de la branche de Lamanon ? Non assurément. Il n'en prévoit qu'avec les *abonnataires de la nouvelle branche du canal*, puisque les deux branches, dans la pensée de cette époque, doivent être isolées...

« Le concessionnaire, dit-il, *substitué aux droits du Gouvernement*, le sera également aux charges vis-à-vis des abonnataires actuels. » Mais de quels abonnataires parle-t-il, si ce n'est de ceux de la branche d'Orgon, qui sont les seuls avec lesquels le concessionnaire puisse être en rapport ?

Il sait bien que le concessionnaire ne sera *substitué aux droits du Gouvernement* que sur la branche d'Orgon. Par conséquent, dans sa pensée comme dans ses expressions, comme dans le texte du cahier des charges auquel il se réfère, c'est seulement sur cette branche que le concessionnaire sera substitué aux charges du Gouvernement (1).

(1) *Moniteur* du 7 mai 1826. Voir le texte entier de ce rapport parmi les pièces justificatives publiées par l'Œuvre générale, page 66.

La loi adoptée, selon le texte proposé par l'Administration des ponts et chaussées, sans discussion et sans amendement, est promulguée à la date du 7 juin 1826 (1).

Armé des droits qui en dérivent, pour surmonter les résistances que l'Association des abonnataires cherche à fonder sur la continuité de son bail, M. le directeur général des ponts et chaussées adresse à M. le préfet des Bouches-du-Rhône, immédiatement après la promulgation de la loi, le 26 août 1826, une dépêche portant que ce bail, en effet, est un obstacle à l'accomplissement des projets du Gouvernement, et qu'il faut le résilier :

« C'est à vous, Monsieur le Préfet, dit-il, qu'il appartient de *détruire cet obstacle*. Veuillez entrer en « négociation avec les abonnataires actuels et obtenir d'eux la remise à l'Etat d'un fossé encombré de vase « qui leur est presque complétement inutile. La nouvelle Compagnie *se chargera des moulans d'eau que ce « fossé doit distribuer*. Vous vous ferez rendre compte des charges et des revenus qui y sont attachés, et « vous verrez quelles conditions il est possible d'accueillir pour l'*abandon que je réclame*. Je pense qu'il est « convenable de tenter la voie de la conciliation avant de recourir, s'il est nécessaire, à celle d'une *rési- « liation forcée*...

Nous nous arrêtons sur ces mots : RÉSILIATION FORCÉE. C'est l'Administration elle-même, qui, forte du principe d'utilité publique consacré par la loi, déclare que le bail de l'œuvre générale est un *obstacle qui doit être détruit*. La loi est à peine rendue ; l'œuvre d'achèvement du canal n'est point encore confiée à un concessionnaire ; mais, lorsqu'un concessionnaire viendra, il saura que le bail de l'œuvre générale ne lui est ni applicable, ni opposable ; qu'il est considéré par l'Administration elle-même comme inconciliable avec la loi ; qu'en un mot, relativement à lui, c'est un titre qui n'existe pas.

Le 13 septembre suivant, M. le préfet s'efforce de remplir la mission qui lui est confiée, et qui consiste à obtenir la résiliation amiable du bail, pour en prévenir la résiliation forcée. A cet effet, il expose aux abonnataires que, parmi les dispositions arrêtées par le Gouvernement, il y a lieu de remarquer la construction d'une nouvelle prise d'eau, à placer *un peu en amont de la prise actuelle* ; que les eaux de cette nouvelle prise ne seraient point versées dans la branche mère, mais qu'on les ferait passer sous cette branche par le moyen *d'un aqueduc à siphon*, et qu'on les conduirait dans la branche septentrionale un peu au-dessous du pont Donneau.

« Cette disposition, dit-il, au moyen de laquelle les intérêts des abonnataires et ceux de la nouvelle « Compagnie seraient parfaitement distincts et séparés, n'a pas paru sans inconvénient aux yeux de quel- « ques membres de votre association, *qui ont craint qu'il ne restât plus d'eau dans la Durance pour alimenter « la prise actuelle, après que la nouvelle prise l'aurait été....* »

Arrêtons-nous encore sur ces mots : APRÈS QUE LA NOUVELLE PRISE L'AURAIT ÉTÉ... Donc la prise nouvelle, dans l'intention du législateur, dans l'intention de l'Administration, dans l'intention des abonnataires eux-mêmes, devait être alimentée *avant la leur*. — C'était, avons-nous dit,

(1) *Bulletin des lois*, n° 96 ; collection de nos *Titres officiels*, p. 16.

une priorité de fait, mais c'était en même temps un droit entièrement conforme à l'essence des titres.

M. le préfet leur propose un moyen de se soustraire à l'inconvénient redouté : c'est de renoncer à leur bail, en ce qui touche l'administration de la prise et du tronc alimentaire, et de remettre à l'État, d'une part, le canal domanial de la Durance au pont Donneau, d'autre part, celui du pont Donneau à Orgon, pour en disposer en faveur de la nouvelle Compagnie, qui sera chargée d'amener au point de partage tout le volume d'eau nécessaire aux deux branches, sans parler, bien entendu, de priorité entre elles.

L'Assemblée des abonnataires, saisie de ces propositions, nomme une commission qui inscrit d'abord ce qui suit en tête d'une délibération de l'OEuvre générale, en date du 6 novembre 1826 :

« L'inspection du plan du canal a convaincu votre commission de cette vérité, qui vous est familière « comme la localité, qu'il est *physiquement impossible* d'établir sur la Durance une prise *en aval* de la prise « actuelle. Il faut nécessairement se servir de celle-ci, ou en faire une nouvelle *en amont*...

« Il faut faire une prise nouvelle et *la faire supérieurement à celle qui existe*, ou renoncer à l'achèvement « du canal. Une prise supérieure produira naturellement l'effet de diminuer le volume des eaux qui ali« mentent la prise actuelle, et même, dans certains étés, de l'absorber entièrement...

« N'opérât-elle qu'une diminution de volume, la prise supérieure porterait un grave préjudice à l'OEu« vre générale.

« Elle aurait d'ailleurs, par sa position, la priorité sur les concessions antérieures, ce qui serait la « transgression des principes qui régissent tous les cours d'eau et la violation de la loi expresse des con« trats... »

Voilà dans quels termes les abonnataires saisissent l'occasion de protester contre l'intention même de la loi. C'est une protestation qui se renouvelle sans cesse, mais qui n'est jamais fondée. Oui, la prise supérieure aurait la priorité; mais elle l'aurait parce que c'est le *droit de la concession primitive de* 1773, en vertu de laquelle a été construite la prise même de Mallemort pour diriger les eaux de la Durance sur les terres de l'ancienne Viguerie de Tarascon. Oui, la prise supérieure aurait la priorité; mais elle l'aurait non au profit d'une concession nouvelle et au détriment de concessions antérieures, au contraire, elle l'aurait au profit de la concession la plus ancienne, par préférence sur les concessions plus récentes. La concession de la branche septentrionale, ou du canal proprement dit, ne cesse pas, en effet, d'être la plus ancienne, parce qu'il plaît à la loi d'en faire le transport à un concessionnaire nouveau; et celui-ci n'est pas investi de droits nouveaux parce qu'il est chargé d'exécuter une œuvre restée longtemps inachevée. Le titre ne périclite pas parce que des difficultés imprévues en ajournent l'exécution, et le titulaire nouveau est bien et dûment substitué aux droits du titulaire primitif.

Croit-on qu'il soit possible d'élever des doutes sur ce point? Qu'on prenne le texte de la loi. Elle est intitulée : *Loi qui autorise la concession des travaux nécessaires à l'achèvement de la branche septentrionale du canal des Alpines et à l'ouverture des canaux secondaires qui s'embrancheront sur la ligne principale.* Ce n'est point là une concession d'eau. L'art. 1er stipule l'abandon par l'Etat de la portion du canal anciennement exécutée depuis le pont Donneau jusqu'à la sortie du percé d'Orgon, avec tous les terrains et bâtiments qui en dépendent, et autorise le concessionnaire à percevoir à perpétuité et par chaque année un *droit d'arrosage* dont le maximum n'excédera point un litre et demi de blé par chaque are de terre arrosée.

Le transport de la concession d'eau est évidemment impliqué dans le transport de la propriété du canal.

C'est pourquoi la loi n'en parle pas; c'est pourquoi elle se borne à déterminer le prix auquel le concessionnaire pourra vendre les eaux; mais, si la concession même des eaux ne résultait pas en sa faveur d'un titre antérieur, comment la loi l'autoriserait-elle à des taxes d'arrosage avant d'avoir stipulé les conditions de son droit à dériver les eaux?

Ceci nous semble sans réplique.

L'Etat substitue à ses droits, comme à ses charges, la Compagnie à laquelle il transporte la propriété de son canal. Son canal a des titres de concession d'eau qui datent de 1773, et qui intéressent la Viguerie de Tarascon tout entière.

Ces titres passent au cessionnaire de l'Etat, et le contraire serait d'autant plus inique et illogique que les charges que l'Etat lui transmet résultent précisément de l'application même qui a été faite de ce titre primitif.

C'est donc avec toute justice que, dans le projet de séparation des branches, la prise de la branche septentrionale devait être placée en amont de celle de la branche méridionale, pour recevoir la première les eaux de la Durance; c'est donc avec toute justice qu'elle devait avoir la priorité de fait, comme elle avait la priorité de droit. Vouloir changer cet ordre, c'eût été, selon l'expression des adversaires, transgresser tous les principes et la loi expresse des contrats.

Dans tous les cas, nous le répétons, c'était l'intention de la loi, c'était l'intention de l'Administration, l'intention de quiconque a postérieurement acquis, sous l'empire de ces faits, le bénéfice avec les charges de la concession des travaux d'achèvement du canal.

Mais, cela dit, les abonnataires déclarent *renoncer à tout droit sur les canaux de Mallemort et d'Orgon;* seulement, ils veulent que l'adjudicataire soit tenu non-seulement du service des moulans d'eau précédemment vendus sur la branche d'Orgon, non-seulement du service de ceux précédemment vendus sur leur propre branche, et qui ne s'élèvent qu'à *vingt-sept moulans*, mais encore au service de ceux qui pourront être vendus par la suite jusqu'à concurrence de trois moulans de plus; c'est-à-dire qu'ils veulent que le concessionnaire soit tenu d'alimenter la branche de Lamanon de *trente moulans*, et cela *par priorité et préférence à tout autre emploi*. En un mot, ils cèdent la prise, le canal alimentaire, le canal d'Orgon, avec tout les bâtiments et terrains qui en dépendent, avec les redevances même qui leur sont payées, en vertu de l'art. 2 de l'acte d'abonnement, par les abonnataires d'Orgon; ils cèdent tout cela, mais sous la condition expresse (condition qu'ils déclarent *indivisible de ce consentement*) qu'ils auront la priorité *pour trente moulans* dans l'usage des eaux.

La question, certes, est bien posée; mais elle est posée contrairement à tous les droits; et l'Administration publique, fidèle à ses principes de justice et d'utilité générale, n'y a jamais adhéré.

Si elle avait voulu y adhérer, rien n'était plus facile. La loi qui autorisait la concession de l'entreprise était rendue, mais non encore appliquée; l'entreprise n'était point encore adjugée à un tiers. Il était facile de stipuler dans l'acte d'adjudication que le futur propriétaire du canal d'Orgon devrait assurer la priorité aux usagers de la branche de Lamanon. On objectera qu'à ce prix, on n'aurait probablement jamais trouvé d'adjudicataire. Cela est vrai, nous en sommes certain. Mais le Gouvernement n'a pas intérêt à chercher des adjudicataires pour les tromper. Un tel système rendrait impossibles les adjudications futures. Si le Gouvernement avait adhéré à cette condition de priorité, si nettement posée par les abonnataires de la branche méridionale, il l'aurait imposée à l'adjudicataire de la branche septentrionale; cela était non-seulement simple et facile, mais c'était rigoureusement nécessaire pour que celui-ci ne fût point abusé; c'était rigoureusement nécessaire, surtout si l'Administration avait entendu faire une *concession d'eau nouvelle*, comme celles qui, d'après les formes prescrites, se faisaient par actes de la préfecture en présence du directeur des Domaines et du syndic de l'OEuvre générale. Pour ces concessions d'eau nouvelles, l'art. 9 de l'acte d'abonnement porte : « *Il sera stipulé*, dans les nouvelles concessions d'eau, que les nouveaux concessionnaires ne pourront prétendre à l'eau qu'après que les premiers auront eu leur contingent. » Nous avons vu quelle est la portée de cette clause; mais cette clause ne s'applique qu'aux membres de l'OEuvre générale et aux *nouvelles concessions d'eau* faites sous l'empire de l'acte d'abonnement, *que l'on voulait résilier par rapport à l'adjudicataire;* elle ne concerne en rien ce dernier, qui par la loi est appelé, non à remplir le rôle d'un nouvel usager ou d'un nouvel abonnataire, mais à remplacer l'Etat lui-même comme propriétaire d'un canal dont les eaux étaient concédées depuis 1773, et comme distributeur de ces eaux aux abonnataires eux-mêmes.

L'Administration n'entendait donc, en aucune manière, faire une *nouvelle concession d'eau* en cédant à un tiers la propriété de son propre canal. Si elle avait entendu ne céder son canal que dépouillé de sa concession d'eau antérieure, si elle avait entendu se réserver de faire à l'adjudicataire une concession d'eau nouvelle, comme celle des abonnataires, l'Administration l'aurait dit; elle aurait été obligée de le dire, aux termes de l'article 9 précité, et elle serait aujourd'hui passible, pour ne l'avoir pas dit, d'un recours en garantie de nature à entraîner contre elle les plus sérieuses conséquences.

Mais, si, après le défaut de stipulation en temps utile, après que l'adjudication a été faite et acceptée dans des conditions différentes, après que l'adjudicataire a dépensé des millions pour consommer son œuvre, l'Administration voulait (sous la pression de ces mêmes influences locales qu'elle combattait, qu'elle réprimait autrefois) sacrifier aujourd'hui le droit et la fortune de l'adjudicataire, il manquerait encore à l'accomplissement de ce dessein la condition la plus fondamentale : il manquerait l'acquiescement de l'adjudicataire qui tient ses titres de la loi, et qui, investi par la loi de la propriété d'une concession d'eau antérieure, ne peut être dépouillé aujourd'hui de son droit au titre primitif.

Cependant la Compagnie Chaptal, pour laquelle la loi avait été rendue, mais qui avait demandé que le droit d'arrosage fût porté au maximum de *deux litres de blé par are*, au lieu d'*un litre et demi*, crut devoir motiver sur cette différence le retrait de sa soumission.

Cette soumission retirée, la loi resta comme non avenue pendant plusieurs années. C'est en vain que toutes les communes, le conseil d'arrondissement, le conseil général, toutes les administrations publiques, s'accordèrent à demander que l'on élevât le droit d'arrosage à la valeur de deux litres de blé par are. Il fallut attendre qu'une compagnie nouvelle manifestât des prétentions plus modérées et consentît à se charger de l'entreprise au conditions mêmes de la loi.

Mais, pendant cet intervalle, de nouvelles concessions d'eau furent demandées par des propriétaires riverains et accordées sur l'une et l'autre branche du canal des Alpines. Seulement, lorsque la limite posée par la délibération précitée de l'OEuvre générale fut atteinte, c'est-à dire lorsque les concessions faites sur la branche méridionale se furent élevées à environ *trente moulans*, l'Administration repoussa les demandes nouvelles.

Ainsi, en 1834, M. Léon Estienne, d'Eyguières, demanda . . . . 1 moulan

M. Bousergent, de Salon. 0, 1/4

MM. Pascalis et Guiraud 0, 1/8

M. Perret 0, 1/16

Plus tard d'autres demandes furent produites encore :

M. de Villeneuve Bargemont, demanda. . . . . 1 moulan.

MM. Seguin . . . . 10 id.

Toutes ces demandes furent écartées. Il intervint notamment quatre arrêtés préfectoraux, à la date commune du 31 octobre 1835, portant :

« Considérant que, par délibération du 6 novembre 1826, les intéressés à l'œuvre générale du Canal des Alpines ont reconnu que la branche méridionale de ce canal, dite *de Lamanon*, devrait porter *trente moulans d'eau*, et que le surplus de l'eau à introduire dans la prise de ce canal appartiendrait soit aux concessionnaires de la branche septentrionale, dite d'*Orgon*, *déjà fondés en titre*, soit à la compagnie à laquelle la continuation de cette branche serait accordée, conformément à la loi du 7 juin précédent, pour l'irrigation des territoires de Saint-Remy, Tarascon et Arles ;

« Que les *trente moulans* de la branche méridionale sont plus qu'épuisés, puisque les concessions définitives faites jusqu'à ce jour s'élèvent à vingt-neuf moulans et cinq sixièmes, et que, par arrêté de ce jour, motivé sur des circonstances particulières, nous avons proposé la concession d'un moulan en sus à M. de Grignan, pour l'usage du territoire d'Istres, etc...

« Par ces motifs, arrêtons ce qui suit :

« Il n'y a lieu d'accueillir actuellement la demande du sieur Léon Estienne (même formule pour les autres), sauf à lui à se pourvoir de nouveau, dans le cas où le Gouvernement jugerait à propos d'augmenter le volume d'eau attribué à la branche méridionale du Canal des Alpines. »

Quant à la demande de M. de Grignan, comme elle avait pour objet d'éteindre, par transaction, un procès pendant entre ce propriétaire et la commune d'Istres, elle fut accueillie, sans que l'Administration entendît toutefois déroger aux principes consacrés par les actes intervenus.

Sur le vu de ces actes, et sur les conclusions du préfet, une ordonnance royale fut rendue, le 12 mars 1836, dans les termes suivants :

« Le Préfet des Bouches-du-Rhône est autorisé à concéder, au nom de l'Etat, au sieur comte de Gri-« gnan, un moulan d'eau à prendre à la branche méridionale du Canal des Alpines, et à prélever sur les « SOIXANTE MOULANS *qui composent la dotation légale de ce canal.* »

On voit très clairement que l'Administration entendait partager entre les deux branches tout le volume d'eau susceptible d'être introduit dans la prise commune, soit les 60 moulans (environ 16 mètres cubes) formant la dotation légale du canal. C'était là pensée de l'OEuvre générale, celle du préfet et des ingénieurs, c'était la pensée même de l'ordonnance du 12 mars 1836, comme on le voit encore mieux par l'exposé des motifs présenté, le 24 juillet 1838, à M. le directeur général des domaines par M. le directeur général des ponts-et-chaussées.

« Je pense, disait ce haut fonctionnaire, qu'on peut accorder à M. de Grignan le volume d'eau dont il « réclame la concession, en stipulant que ce moulan sera prélevé sur la quantité d'eau qui compose la do-« tation légale du Canal de Boisgelin. — *Cette disposition aura seulement pour effet de diminuer des cinq « sixièmes d'un moulan la part qui doit être réservée à la branche septentrionale.* »

La dotation légale du canal étant donc ainsi déterminée, et, les droits de la branche septentrionale se trouvant ainsi réservés, une nouvelle compagnie se présenta pour obtenir l'adjudication des travaux d'achèvement. Cette nouvelle compagnie (qui n'est autre que la Compagnie générale de dessèchement en faveur de laquelle nous verrons bientôt prononcer l'adjudication), commença par rappeler, dans la soumission qu'elle adressa, le 8 février 1838, à M. le ministre des travaux publics, qu'en vertu du titre primitif de 1773, le canal avait été entrepris *pour conduire les eaux de la Durance de Mallemort à la Viguerie de Tarascon*; que vainement les eaux destinées au versant septentrional des Alpines avaient été *détournées par les propriétaires du versant méridional*; que les vues bienfaisantes de la province devaient avoir leur accomplissement; que la loi de 1826 avait été rendue dans ce but; qu'enfin, *ce que nul autre*, depuis la promulgation de cette loi, *n'avait osé entreprendre, la Compagnie de dessèchement offrait de l'exécuter.*

Voici dans quels termes, du reste, fut formulé le dispositif de la soumission :

« 1° Vu l'inutilité des tentatives faites jusqu'à ce jour pour l'adjudication des travaux nécessaires à « l'achèvement de la branche septentrionale du Canal des Alpines et à l'ouverture des canaux secondaires « qui doivent s'embrancher sur la ligne principale, la Compagnie générale de dessèchement offre de « s'en charger, à ses risques et périls, sans rien changer aux conditions renfermées dans la loi du 7 juin « 1826;

« 2° La Compagnie se conformera aux plans dressés par MM. les ingénieurs et approuvés par l'Admi-« nistration des ponts et chaussées. Toutefois elle se réserve d'y faire les modifications qu'elle jugera con-« venables, etc.

« 3° La Compagnie s'engage à verser un cautionnement, etc. »

De quoi s'agit-il dans tout cela ? D'achever une œuvre d'utilité publique, aux conditions posées par une loi. Ce n'est point une *concession d'eau* que les soumissionnaires demandent, mais l'adjudication d'un canal commencé *en vertu d'une concession d'eau qui remonte à* 1773. Il n'est nullement question dans la soumission, comme dans le texte même de la loi, de dériver de nouvelles eaux de la Durance ; il n'est nullement question d'obtenir, pour l'exercice de cette faculté, une autorisation nouvelle. Tout cela se trouve impliqué dans le transport pur et simple que l'État va faire des droits de l'entreprise, tels qu'ils sont établis par les titres antérieurs.

Voilà dans quels termes, dans quelles conditions, les soumissionnaires s'engagent.

M. le directeur général des ponts-et-chaussées, accueillant sans hésitation les propositions ainsi formulées, croit devoir préalablement s'enquérir si les abonnataires persistent dans leur délibération du 6 novembre 1826.

Ceux-ci, par une délibération nouvelle du 20 septembre 1838, déclarent persister dans leur délibération de 1826, sauf quelques légères modifications dont nous avons reproduit ailleurs le détail.

Ils proposent notamment de changer le maximum qu'ils avaient eux-mêmes fixé à *trente moulans*, pour la branche de Lamanon, parce que, dans l'intervalle compris entre 1826 et 1838, il a été accordé à divers usagers des concessions nouvelles qui ont altéré cette proportion. L'ensemble des concessions sur cette branche s'est élevé en effet à 31 moulans 11/24, et sur celle d'Orgon à 9 moulans 6/24, ce qui doit nécessairement influer sur les conditions ultérieures de la répartition des eaux entre les branches (1).

C'est à la suite et comme conséquence de ces préliminaires qu'est rendue l'ordonnance du 11 avril 1839, « *qui autorise la mise en adjudication de la branche septentrionale du canal des Alpines et des canaux secondaires qui s'embrancheront sur sa ligne principale* ».

Cette ordonnance ne constitue et ne peut constituer que l'application pure et simple de la loi du 7 juin 1826. Mais, en ce qui touche les rapports de l'adjudicataire de la branche septentrionale avec les représentants de la branche méridionale, l'Administration, saisie de l'examen des conditions posées par ces derniers, s'abstient d'y adhérer.

Ces conditions n'émanant en effet que d'une seule des parties, il est juste qu'avant de statuer, l'Administration entende les propositions et réserve les droits de l'autre. La résolution adoptée dans ce sens par M. le ministre des travaux publics est exposée au Conseil d'Etat, dans un rapport du 21 février 1839, comme suit :

« L'administration n'a pas dû régler à l'avance les rapports entre l'OEuvre générale des Alpines et le « nouvel adjudicataire : la nature comme l'étendue de ces rapports dépend essentiellement du projet dé- « finitif qui sera adopté pour la nouvelle branche du canal, et notamment pour la prise d'eau à la Du- « rance. Quelques bases d'arrangement ont été posées, il est vrai, par l'OEuvre générale, dans des déli- « bérations prises à la fin de 1826, et plus tard en 1838 ; mais, *sans discuter ici le mérite de ces proposi-*

(1) Voir ci-dessus, page 37, la nomenclature des dernières concessions d'eau accordées sur l'une et l'autre branche. — Nous avons publié en entier le dispositif des délibérations du 6 novembre 1826 et du 20 septembre 1838, dans notre collection de *Titres officiels*, pages 21 et suiv.

« *tions*, nous nous contenterons de remarquer qu'il faut avant tout que le projet des nouveaux ouvrages « établisse d'une manière positive les points de contact entre les deux opérations. L'article 6 de l'ordon- « nance stipule que les arrangements qui pourraient devenir nécessaires par suite des projets approuvés « pour la nouvelle entreprise seront, *après une discussion contradictoire*, réglés administrativement. »

Ainsi s'enchaînent tous les faits. On a vu que, dans le projet de 1826, l'adjudicataire devait construire une nouvelle prise, dont la nécessité était justifiée par le projet même d'une dérivation d'eau de 18 mètres cubes (72 moulans environ), destinés à l'alimentation seule de la branche septentrionale. Mais l'OEuvre générale, redoutant les effets de cette nouvelle prise à ouvrir *en amont de l'ancienne*, préfère renoncer à ses propres droits sur l'ancienne, pour en conférer la gestion au futur adjudicataire de la branche d'Orgon, qui doit ainsi être chargé du service commun. Elle lui abandonne, avec l'ancienne prise, le canal alimentaire de Mallemort et le canal d'Orgon. C'est ce que l'Administration elle-même avait indiqué comme moyen de conciliation. C'est une suppression complète du régime de l'abonnement.

C'est donc sur l'expresse et itérative demande de l'OEuvre générale que l'Administration accepte l'hypothèse de la communauté de prise. Mais elle ne consent nullement à sacrifier pour cela l'intérêt général qui s'attache à l'achèvement du canal. Elle ne consent nullement à imposer à l'adjudicataire l'obligation de céder à la branche de Lamanon des droits de priorité qui appartiennent à l'autre branche ou au canal proprement dit.

L'Administration, au contraire, réserve à l'adjudicataire la faculté de défendre ses droits et de présenter ses projets. Elle lui laisse même l'option, par les art. 5 et 6 de l'ordonnance, soit de construire une prise nouvelle en amont de l'ancienne, selon le projet antérieurement approuvé, soit d'emprunter la prise ancienne, en se chargeant du service commun, selon la proposition de l'OEuvre générale. Dans ce dernier cas seulement, l'art. 6 de l'ordonnance porte que les rapports de l'adjudicataire avec l'OEuvre de Boisgelin seront réglés administrativement.

Mais la seule et véritable portée de cette clause, c'est que l'Administration n'accepte point, pour la détermination de ces rapports, les conditions posées par l'OEuvre générale ; c'est qu'elle persiste au contraire dans la volonté de lui imposer les siennes, ayant pour unique principe la satisfaction à donner à l'intérêt général. La résiliation de l'acte d'abonnement doit être *volontaire* ou *forcée* ; mais elle doit, dans tous les cas, être conforme aux vues de l'Administration.

Soit donc que l'adjudicataire construise une prise nouvelle, soit qu'il se serve de l'ancienne, il reste toujours certains faits en dehors de toute discussion : le canal doit s'achever en dépit de l'abonnement et des abonnataires. — La portion du canal anciennement exécutée depuis le pont Donneau jusqu'à la sortie du percé d'Orgon, *ainsi que les terrains et bâtiments qui en dépendent*, doivent être distraits de l'abonnement et devenir la propriété de l'adjudicataire. — Celui-ci, dans tous les cas, conserve le droit de dériver lui-même ses eaux *de la Durance*, d'administrer par conséquent la prise, d'effectuer les travaux nécessaires dans la rivière pour assurer l'alimentation du canal, enfin de desservir les arrosants, les abonnataires eux-mêmes, comme l'Etat l'eût fait s'il eût repris la gestion de sa chose, en s'affranchissant vis-à-vis de ces derniers de la servitude temporaire de l'acte d'abonnement.

Le fond de toutes ces dispositions est de faire que l'adjudicataire ait un canal complétement indépendant, avec des droits de prise d'eau et d'administration entièrement conformes à ceux de tous les autres propriétaires de canaux ouverts *sur la Durance.*

Quant au partage des eaux entre les deux branches, il est déterminé par cette disposition de l'ordonnance :

« Art. 4. Le volume d'eau *à dériver de la Durance*, pour le service de la branche septentrionale, est fixé « à cinq mètres cubes par seconde, *au moment de l'étiage ordinaire*, en sus des prises actuellement autori- « sées sur la partie déjà ouverte de ladite branche. »

Le volume d'eau destiné au service de la branche méridionale reste déterminé par l'ensemble des contrats qui ont réglé le nombre et l'importance des prises particulières autorisées sur cette branche.

Mais dans tout cela il n'est point question de priorité ; et il est même deux différences importantes à noter entre les droits respectifs des parties : La première, c'est que le contingent de la branche septentrionale n'est limité qu'*à l'étiage*, tandis que celui de l'autre branche est limité, comme les concessions particulières des usagers, à un maximum permanent ; — La seconde, c'est que l'adjudicataire est appelé à dériver ses eaux *de la Durance*, tandis que les abonnataires ne sont concessionnaires que des eaux à dériver *du canal.*

Et pourquoi, après tout, a-t-on inséré dans l'ordonnance cette clause qui n'est point dans la loi et qui limite le contingent de la branche septentrionale ? Parce que, la dotation légale du canal étant elle-même *antérieurement limitée* à 60 moulans, et les abonnataires de la branche de Lamanon prenant 31 *moul.* 11/24, la quantité restant libre *sur cette ancienne dotation* n'est plus que de 28 moul. 13/24, qui, comprenant le volume nécessaire aux abonnataires d'Orgon, réduit à cinq mètres cubes environ le surplus réservé.

Mais ce surplus n'en est pas moins le *résidu de la concession primitive*. Cette détermination de contingent n'est que la conséquence des dispositions antérieures qui avaient réservé les droits de la branche inachevée sur la dérivation totale. Ce n'est point là une *nouvelle concession d'eau* ; ce n'est point là une création ou une extension de droits sur les eaux de la Durance ; c'est au contraire une réduction, un appauvrissement de la concession propre à la branche la plus ancienne ou au canal proprement dit, appauvrissement consacré au profit de nouveaux intéressés.

La concession d'eau existait, puisque le canal inachevé, mais régulièrement entrepris, existait. Elle existait, puisque la dotation légale de la prise et du tronc communs était fixée à 60 moulans, laquelle comprenait, notons le bien, la part afférente à la portion de canal qui, commencée la première, restait la dernière à terminer.

Les droits de l'adjudicataire, en un mot, sont les mêmes que ceux du constructeur primitif, et par le fait seul de la cession qui lui est faite en vertu de la loi, il se trouve placé sur la même ligne que tous les concessionnaires de canaux ouverts sur la Durance. C'est ce qui résulte encore bien clairement de la disposition de l'ordonnance ainsi conçue :

« Art. 13. L'adjudicataire sera assujetti à tout règlement d'eau que l'administration croirait convenable « de faire, soit *pour la répartition des eaux de la Durance entre les divers canaux d'irrigation qui doivent être*

« *alimentés par cette rivière*, soit pour la répartition des eaux de son propre canal entre les diverses par-
« ties du territoire qu'il doit desservir.... »

Supposons donc qu'il y ait pénurie d'eau à la Durance; que, par suite d'évènements quelconques, un règlement d'administration publique devienne nécessaire entre les divers canaux ouverts sur cette rivière; supposons qu'il résulte de ce règlement que le service des concessions doive avoir lieu suivant l'ordre ou la date des titres : quelle serait, vis-à-vis des autres propriétaires de canaux ouverts sur la Durance, la date du titre de concession propre à l'adjudicataire de l'entreprise d'achèvement du canal des Alpines? et quelle serait la dotation dont le prélèvement sur la Durance devrait, relativement aux autres canaux, avoir lieu dans l'ordre fixé par cette date?

La réponse ici ne saurait être douteuse. Le titre en vertu duquel a été ouverte la prise du canal des Alpines est du 3 avril 1773, et la dotation légale résultant de ce titre, comme proportionnelle à la capacité même de la prise, est de 60 moulans. Le prélèvement sur la Durance de 60 moulans devrait donc avoir lieu, relativement aux autres propriétaires de canaux, dans l'ordre assigné par cette date.

Quant à la sous-répartition à opérer entre les deux branches du canal des Alpines, en cas de déficit sur la dérivation totale de 60 moulans, elle devrait avoir lieu, pour le contingent de la branche septentrionale dans l'ordre assigné par cette même date, et pour celui de la branche méridionale dans l'ordre assigné par la date du 20 février 1783, qui est celle du titre postérieur d'autorisation de cette dernière branche.

Mais après cela, en quoi peut consister la répartition subsidiaire du contingent de chaque branche entre les divers usagers? Ce n'est plus là, à nos yeux, qu'un fait d'administration, un droit de distribution essentiellement réservé au propriétaire même du canal. — Si, conformément à la règle et à la pratique commune, le propriétaire du canal n'a pris envers les usagers aucun engagement qui implique des préférences, chacun d'eux prend les eaux telles qu'elles lui sont fournies dans la distribution qui en est faite dans l'intérêt commun, par parité et concurrence entre eux. Mais si le propriétaire du canal a pris des engagements envers tels ou tels usagers, chacun d'eux a son titre à invoquer, et le débat entre l'usager et le propriétaire du canal revêt alors le caractère d'un procès ordinaire à juger par les tribunaux compétents.

Il nous est impossible, quant à nous, de voir et de comprendre les choses autrement; il nous est impossible de tirer d'autres conséquences de la série des actes que nous venons d'analyser et qui expriment tous une même pensée.

Nous concluons de l'ensemble de ces faits :

1° Que le gouvernement, dans des vues d'intérêt général, devait poursuivre l'achèvement du canal des Alpines, auquel faisait *obstacle* l'acte d'abonnement;

Que l'intérêt même de l'Etat, comme propriétaire du canal, devait l'exciter à soustraire la branche d'Orgon au régime de cet abonnement, qui ne lui laissait que des charges sans aucune compensation, spécialement des charges d'entretien et des risques considérables pour le *percé d'Orgon*;

2° Que le projet d'achèvement dressé et approuvé par l'Administration en 1820 avait pour objet direct de distraire du régime de l'abonnement non seulement la branche d'Orgon, mais toute la partie des anciens ouvrages destinés à l'alimentation commune des deux branches;

Que c'est pour l'application de ces projets, faisant la plus complète novation au régime de l'abonnement, que la compagnie Chaptal demanda *la concession à perpétuité du canal, de ses francs-bords, et de toutes ses dérivations, depuis la prise d'eau jusqu'à la sortie du percé d'Orgon, avec les terrains et constructions qui en dépendent;*

Que c'est pour l'application de ce même projet que le gouvernement fit rendre la loi du 7 juin 1826, à l'appui de laquelle il avait fait dresser *un projet de cahier des charges dont les principaux articles*, écrivait le ministre, étaient *ceux-là mêmes de la soumission Chaptal;*

3° Que, toutefois, au lieu d'une prise commune, l'Administration avait alors pensé qu'il serait préférable d'isoler les intérêts des deux branches, en autorisant l'adjudicataire de la branche septentrionale à ouvrir une prise d'eau spéciale *en amont de l'ancienne*, et en laissant l'ancienne prise à l'association des abonnataires, pour le service exclusif de l'autre branche;

Que ceci n'était du reste qu'un projet susceptible d'être adopté ou écarté par l'Administration; mais que les abonnataires, dominés par la crainte que, si ce projet s'exécutait, la prise ancienne ne cessât d'être suffisamment alimentée, *après que la nouvelle prise l'aurait été*, offrirent de *renoncer à tous droits sur les canaux de Mallemort et d'Orgon*, et de remettre l'ancienne prise elle-même, pour rester commune aux deux branches, à l'adjudicataire des travaux d'achèvement du canal;

Que l'Administration, entrant dans cette voie, laissa à l'adjudicataire l'option soit de construire une prise nouvelle, soit de se servir de l'ancienne, en se réservant à elle-même, dans ce dernier cas, le droit de régler les rapports des deux branches;

4° Que tout cela procède de la volonté bien arrêtée de l'Administration d'obtenir la résiliation de l'acte d'abonnement, soit par les voies amiables, soit par les voies de contrainte; mais que, dans tous les cas, l'Etat entendait formellement investir l'adjudicataire de la possession pleine et entière du canal à achever et à administrer, avec la faculté de dériver lui-même ses eaux *de la Durance*, dans des conditions identiques à celles de tous les propriétaires de canaux ouverts sur cette rivière;

5° Que la loi de 1826 et l'ordonnance de 1839 n'ont eu nullement pour objet de faire une *nouvelle concession d'eau sur le canal des Alpines*, dans le sens des concessions propres aux abonnataires;

Que le but évident de ces actes a été de céder à une compagnie, par substitution aux droits de l'Etat, l'entreprise et la propriété même d'un canal restant à achever, mais jouissant d'une *concession d'eau antérieure*;

Que, tant que cette *concession d'eau antérieure* (proportionnelle à la capacité de la prise, c'est-à-dire à la dotation légale de 60 moulans) n'était point absorbée, il n'était ni nécessaire ni raisonnablement possible que le volume d'eau *restant à dériver de la Durance*, sur ces 60 moulans, constituât, en faveur du nouveau propriétaire de l'ancien canal, une *concession nouvelle;*

6° Qu'enfin, par tous ces motifs, il n'existe aucune analogie entre la situation faite par la loi à l'adjudicataire de la branche septentrionale, et celle des simples usagers autorisés à se servir des eaux, au moyen de martellières pratiquées, soit sur le canal, soit sur ses embranchements;

Que toute question de priorité, en ce qui concerne l'alimentation du canal par les eaux que l'adjudicataire est appelé à dériver directement de la Durance, ne peut être posée, relativement à lui, que dans un règlement qui s'appliquerait en même temps à tous les autres propriétaires de canaux ouverts sur la Durance; mais que sa situation vis-à-vis des usagers est la même que celle de l'Etat, en faisant abstraction de l'acte d'abonnement (dont les effets n'existent plus pour l'adjudicataire), et en se référant uniquement aux contrats en vertu desquels chaque usager a été autorisé par l'État à se servir des eaux.

SIXIÈME PÉRIODE

ADJUDICATION PRONONCÉE EN FAVEUR DE LA COMPAGNIE GÉNÉRALE DE DESSÉCHEMENT. TRAVAUX DE CETTE COMPAGNIE.

La loi du 7 juin 1826 avait, comme nous l'avons vu, « autorisé le Gouvernement à concéder « les travaux nécessaires à l'achèvement de la branche septentrionale du canal des Alpines et « à l'ouverture des canaux secondaires qui s'embrancheront sur la ligne principale. »

La Compagnie générale de desséchement avait offert, *dans les mêmes termes*, par une soumission du 8 février 1838, de se charger de l'entreprise, aux conditions mêmes de la loi.

En conséquence de cette offre, le Gouvernement avait prescrit, par ordonnance du 11 avril 1839, « la mise en adjudication de la branche septentrionale du canal des Alpines et des canaux « secondaires qui s'embrancheront sur la ligne principale. »

L'adjudication fut prononcée en faveur de la Compagnie générale de desséchement, qui seule se mit sur les rangs pour avoir l'entreprise, suivant procès-verbal du 20 juin 1839. Ce procès-verbal constate l'adjudication comme suit :

« *Noms des soumissionnaires :* MM. Thurninger, Guyardin, Roche et compagnie, gérants de la Compagnie « générale de desséchement.

« *Désignation des travaux :* Concession des travaux nécessaires à la continuation de la branche septen- « trionale des Alpines et des canaux secondaires qui s'embrancheront sur la ligne principale.

« *Maximum de la redevance, indiqué par l'ordonnance du 11 avril 1839, sur laquelle doit porter le rabais :* « 1 litre et demi de blé *par are de terre arrosée*, soit 1 l. 50 c.

« *Rabais :* 0 l. 01 c.

« *Quotité de rabais :* Deux tiers pour cent, soit un centième de litre par are.

« Il est résulté du dépouillement de ladite soumission, proclamée à haute voix par M. le préfet, que

« les sieurs Thurninger, Guyardin, Roche et compagnie, ont fait l'offre la plus avantageuse au Gouverne-« ment. En conséquence le préfet, de l'avis du conseil, a déclaré que les sieurs Thurninger, Guyardin, « Roche et compagnie, domiciliés à Paris, agissant en leurdite qualité, demeurent *concessionnaires des « ouvrages compris dans ledit procès-verbal... etc.* »

Nous citons ce texte, qui constitue le titre en vertu duquel la Compagnie adjudicataire a été investie de l'objet de sa concession, pour constater encore une fois que ce n'est point là une *concession d'eau.*

Cette adjudication est approuvée par décision ministérielle du 9 juillet suivant.

Immédiatement après, dès le 20 du même mois, l'Administration des Domaines veut faire remise à la Compagnie adjudicataire « de la portion du canal anciennement exécutée depuis le « pont Donneau jusqu'à la sortie du percé d'Orgon, *ainsi que des terrains et bâtiments qui en « dépendent.* » Cette Administration pense que, pour se conformer à l'art. 1er de la loi de 1826 et à l'art. 3 de l'ordonnance de 1839, il est nécessaire que cette remise, au nom du Domaine, soit constatée par un procès-verbal.

Mais l'OEuvre générale s'émeut. Avant que la Compagnie soit mise en jouissance de la portion du canal *distraite de l'acte d'abonnement,* l'assemblée des abonnataires veut à tout prix signer un traité avec elle, afin que le projet d'une prise spéciale à construire en amont de l'ancienne, pour le service de la branche septentrionale, ne se réalise pas. Elle veut non-seulement que la Compagnie fasse usage de la prise ancienne, mais qu'elle cède, dans l'organisation du service commun, en cas de pénurie d'eau, la priorité aux abonnataires des deux branches.

La Compagnie résiste et n'entend point céder cette priorité. C'est un point sur lequel elle repousse toute transaction, ainsi qu'on le voit par le Mémoire qu'elle présente à l'OEuvre générale, dans le but toutefois d'amener une conciliation, le 26 septembre 1839.

Mais, tandis que les négociations se poursuivent, l'assemblée générale des abonnataires, changeant de fond en comble le système de ses délibérations de 1826 et de 1838 (sur le vu desquelles les actes administratifs les plus importants étaient intervenus), formule, dans une nouvelle délibération du 12 octobre 1839, un projet de traité d'après lequel cette association se réserve non-seulement la priorité, mais la gestion de la prise commune, en s'attribuant de fournir elle-même les eaux à la Compagnie de desséchement, comme à un simple abonnataire prenant rang après tous les autres et payant une redevance fixée au taux moyen des redevances des abonnataires eux-mêmes (1).

(1) Voir le texte entier de cette délibération du 12 octobre 1839, parmi les pièces annexées au Mémoire publié par nos adversaires. (Marseille, 1855, pag. 80 et suiv.) Nous regrettons toutefois que nos adversaires n'aient pas joint à cette délibération les observations présentées par la Compagnie le 26 septembre précédent. — Le taux de la redevance était fixé par le projet à 269 fr. 52 par moulan, d'après le calcul suivant : Les rentes payées par la masse des abonnataires s'élevant, à cette époque, à 10,847 fr. 51, et les abonnataires réunis jouissant de 41 moulans un quart sur l'une et l'autre branche, le taux moyen à leur charge revenait à ce chiffre de 269 fr. 52 par moulan. — Mais à ce prix, égal à la moyenne du prix perçu sur les abonnataires, il était juste que les frais d'entretien des deux branches restassent à la charge exclusive de l'OEuvre générale, suivant les conditions mêmes de l'acte d'abonnement.

C'était là, à coup sûr, une combinaison inacceptable. C'était un intervertissement complet des rôles déterminés par tous les précédents, par tous les titres. Ce système, notamment, était inconciliable avec les principes posés par les arrêtés et ordonnances qui avaient été rendus à la suite des délibérations de 1826 et de 1838. C'était enfin une pensée absolument contraire à celle qui avait dicté la loi de concession, absolument contraire à celle des arrêtés du 31 octobre 1835, de l'ordonnance royale du 12 mars 1836, de l'ordonnance d'adjudication elle-même, qui avaient eu pour objet essentiel d'organiser l'entreprise de telle manière que l'adjudicataire eût *un canal ouvert sur la Durance*, et fût chargé, suivant les droits afférents à sa qualité, de *dériver lui-même ses eaux*, soit par une prise spéciale, soit par la prise commune dont il devait avoir seul la gestion.

Il est vrai que la Compagnie de desséchement elle-même, tout en refusant la priorité, tout en contestant divers points importants, paraissait néanmoins dominée par la crainte des inconvénients et des charges considérables attachés à la gestion de la prise commune ; et cela se conçoit, à une époque où elle n'avait point encore versé le solde de son cautionnement, ni recueilli les fonds nécessaires à l'exécution de ses travaux ; cela se conçoit à une époque où ce service était encore sans intérêt pour elle. Quelles que fussent, du reste, sur ce point, ses préoccupations, elle refusa d'adhérer à la délibération du 12 octobre 1839. Mais, alors même qu'elle aurait, ainsi que la réunion des abonnataires, par des motifs privés, penché vers un système en contradiction évidente avec les actes accomplis par l'Administration, l'intérêt de l'OEuvre n'en devait pas moins passer avant celui de ces spéculations particulières, et l'administration n'en restait pas moins l'arbitre de ces combinaisons, tant en vertu du droit commun qu'en vertu de la clause spéciale de l'ordonnance d'adjudication, qui voulait que, dans le cas où l'adjudicataire emprunterait la portion du canal ouverte entre la Durance et le pont Donneau, les rapports des parties fissent l'objet d'un règlement administratif.

C'est donc en vain que l'on formulait, dans la délibération du 12 octobre 1839, les conditions d'un traité particulier, qui restait sans valeur tant qu'il n'était consacré par un règlement d'administration publique.

Et les parties le reconnaissaient elles-mêmes, puisque l'art. 13 de cette même délibération porte :

« Conformément aux dispositions de l'ordonnance royale du 11 avril 1839, *la présente délibération ne « sera exécutoire qu'après que la Compagnie générale de desséchement se sera fait autoriser par l'autorité « compétente.* »

Et le syndic directeur de l'OEuvre générale ajoutait à cette clause une reconnaissance encore plus formelle du défaut de validité de cet acte, en écrivant à l'un des gérants de la Compagnie la lettre suivante, à la date du 17 octobre 1839 :

« Je m'empresse de vous adresser une expédition de la délibération prise le 12 de ce mois par l'assem- « blée générale des membres de l'OEuvre des Alpines... *Lorsqu'une ordonnance aura approuvé ce traité*, vous « voudrez bien m'en faire parvenir une expédition... »

L'ordonnance fut demandée; mais elle ne fut jamais rendue. Ce prétendu traité n'a donc jamais été valable. Cette délibération n'a donc jamais été exécutoire.

Cependant l'Administration des Domaines restait préoccupée de son obligation de faire à la Compagnie adjudicataire une remise officielle de la portion du canal dont l'abandon était stipulé par la loi. Une circonstance nouvelle vient la déterminer à presser ce résultat; voici la question qui se présente :

Des éboulements s'étant produits sous le *percé d'Orgon*, la cuvette du canal est obstruée; des réparations deviennent par conséquent urgentes : à qui incombe la charge de ces réparations ?

A cette question la réponse était naturelle et facile :

Si l'acte d'abonnement subsiste encore, relativement à la portion du canal *comprise entre le pont Donneau et la sortie du percé d'Orgon*, c'est à l'Etat à pourvoir à ces réparations, aux termes mêmes de l'art. 4 de cet acte.

Si l'acte d'abonnement est, quant à ce, résilié, l'adjudicataire doit être mis immédiatement en possession de cette partie du canal, *ainsi que des terrains et bâtiments qui en dépendent;* il doit être investi de la jouissance et de l'administration de la chose adjugée, à charge par lui de pourvoir alors aux frais d'*entretien*, qui sont la conséquence de la *jouissance* même qu'il a de la propriété.

Par ce motif, l'Administration des Domaines, cédant avant tout au désir de décharger l'Etat du soin de ces réparations, fait mettre la Compagnie en demeure tout à la fois d'entrer en jouissance de la portion du canal que l'Etat lui a cédée et de pourvoir immédiatement à ces réparations.

Cette mise en demeure fait l'objet d'un arrêté préfectoral du 23 novembre 1839; elle est ensuite renouvelée par arrêté du 13 mars 1841.

Mais la Compagnie recule devant la charge des réparations qu'exige immédiatement et de celles surtout qu'exigera plus tard l'entretien du *percé d'Orgon*, dont les abonnataires avaient dit :

« Cet ouvrage, digne de la magnificence de l'ancienne Provence, peut exiger des dépenses absolument « au-dessus des moyens des concessionnaires. La chute d'un arceau peut entraîner celle du terrain supé- « rieur. Le Gouvernement seul a le pouvoir et les ressources convenables pour y remédier. »

Or le Gouvernement lui-même, comme nous l'avons exposé ci-dessus, avait voulu, par l'adjudication de l'entreprise, se soustraire à cette charge, en abrogeant, relativement à la branche d'Orgon, l'acte d'abonnement, qui lui laissait l'obligation d'entretenir le percé et de rétablir la branche elle-même, dans le cas où elle serait emportée par la Durance.

Dans cette situation, la Compagnie eût probablement préféré renoncer aux droits résultant pour elle de la loi, plutôt que de les accepter à ce prix, si l'Administration n'avait usé de contrainte envers elle. A ce moment, en effet, la Compagnie voulait rejeter sur l'Etat l'obligation dont il s'agit; elle demandait, dans tous les cas, l'ajournement de son entrée en jouissance jusqu'à ce que l'approbation de ses projets l'eût mise en position de commencer ses travaux. Mais l'administration départementale, les ingénieurs, le directeur des domaines, repoussaient énergiquement ces prétentions, et exigeaient que la Compagnie fût investie immédiatement de cette *jouissance*, pour qu'elle fût immédiatement tenue de l'*entretien* (1).

La Compagnie dut céder. Mais l'Œuvre générale, ayant la prétention de rester en possession de la branche d'Orgon, *tout en répudiant les charges d'entretien et les risques laissés à l'Etat par l'art. 4 de l'acte d'abonnement*, l'Œuvre générale protestait contre la remise qui faisait l'objet des deux arrêtés précités. Elle voulait que cette remise n'eût lieu en faveur de la Compagnie que comme conséquence de l'arrangement, non accepté et non exécutoire, qu'elle avait projeté par sa délibération du 12 octobre 1839; et le syndic directeur écrivait en ces termes, le 21 mars 1841, à M. le préfet des Bouches-du-Rhône :

« Je n'ai pas connaissance que la Compagnie ait donné son adhésion à la délibération du 12 octo-« bre 1839... En cet état, *je ne pourrai consentir à lui remettre les lieux* que tout autant qu'il me sera remis « une expédition en bonne forme de l'acte qui contiendra son consentement à cette délibération. »

Ceci confirme ce que nous disions ci-dessus touchant la nullité d'un prétendu traité qui n'était point accepté. Mais ce qui prouve encore mieux qu'aux yeux de l'Administration cette pièce était sans valeur, c'est que M. le préfet répondit à la réclamation de l'Œuvre générale, par dépêche adressée le 27 du même mois, à M. le sous-préfet d'Arles, ce qui suit :

« M. le syndic de l'Œuvre générale m'a écrit une lettre que j'ai l'honneur de vous communiquer, et « dans laquelle il voudrait faire dépendre cette formalité de quelques arrangements particuliers qui se « traitent, à ce qu'il paraît, en ce moment, entre l'Œuvre des abonnataires et les concessionnaires. *Cette « circonstance est indépendante de la remise qui doit être faite en exécution de l'art. 1er de la loi du 7 juin 1826 « et de l'art. 3 de l'ordonnance du 11 avril 1839.* Il s'agit pour l'Administration de décharger l'Etat de ses « engagements envers les abonnataires, *relativement à cette branche... etc.* »

En conséquence, la remise fut faite au représentant de la Compagnie, par procès-verbal du 30 décembre 1841, de la portion du canal des Alpines distraite de l'acte d'abonnement (2).

Ce qu'il y a ici de remarquable, c'est que le procès-verbal de cette remise, effectuée dans les conditions ci-dessus, fut *signé par le représentant de l'Œuvre générale elle-même*, conjointement avec le sous-préfet de l'arrondissement, l'ingénieur en chef des ponts et chaussées et le directeur des Domaines.

Ce procès-verbal porte que, « pour satisfaire aux dispositions prescrites par l'art. 1er de la loi du 7 juin 1826 et par l'art. 3 de l'ordonnance du 11 avril 1839, il est fait remise à la Compagnie, à titre de concession perpétuelle,

« De la portion du canal des Alpines anciennement exécutée depuis le pont Donneau jusqu'à la sortie

(1) Voir aux archives de la préfecture les divers documents publiés seulement par extraits dans notre collection de *titres officiels*, pag. 28 à 30.

(2) Voir ce procès-verbal, intégralement reproduit, ainsi qu'un précédent non suivi d'effet, en date du 18 du même mois, dans le mémoire de nos adversaires. (Marseille, 1855, p. 77-78.)

« du percé d'Orgon, *ainsi que de tous les terrains et bâtiments qui en dépendent*, dans l'état où le tout se trouve « en ce moment, pour, la Compagnie concessionnaire, ENTRER EN JOUISSANCE DÈS A PRÉSENT, à la condi- « tion expresse qu'elle demeure chargée de toutes les obligations qu'elle a contractées par l'acte de con- « cession, et notamment de remplir tous les engagements de l'Etat vis-à-vis des abonnataires actuels. »

Le procès-verbal porte en outre qu'aux termes des instructions de M. le directeur de l'enregistrement et des domaines, il doit :

« 1° Etre fait au présent procès-verbal toutes réserves expresses *quant à l'exercice des droits résultant des* « *concessions d'eau*, sur l'une et l'autre branche du canal, qui ont été accordées *jusqu'à ce jour*;

« 2° Etre inséré une clause par laquelle la Compagnie se soumettra à rembourser immédiatement au « Domaine, entre les mains du receveur de l'enregistrement à Orgon, 1° la somme de 75 francs *pour le* « *prix des travaux urgents de déblais de la cuvette de l'aqueduc d'Orgon exécutés depuis l'adjudication du* « *20 juin* 1839; 2° le coût de la signification de l'arrêté de M. le préfet du 23 novembre 1839. »

Sur les conditions de cette investiture, telles qu'elles sont ici posées et acceptées, nous ferons trois observations :

1° En ce qui touche l'envoi en possession et l'*entrée en jouissance immédiate* de la Compagnie dans la portion du canal à elle adjugée, *avec tous les terrains et bâtiments qui en dépendent*, il est à remarquer que cette formalité n'a été, de la part de l'administration, que l'application pure et simple de la loi et de l'ordonnance d'adjudication, sans aucun égard pour le projet particulier d'arrangement qui avait fait l'objet de la délibération du 12 octobre 1839; que, loin d'avoir été la conséquence directe ou indirecte de ce projet d'arrangement (auquel d'ailleurs la Compagnie avait refusé son concours et le Gouvernement sa sanction), c'est au contraire en dépit des protestations que l'Œuvre générale avait fondées sur ce *refus d'adhésion*, que la remise du canal a eu lieu; qu'enfin c'est comme vaincue et en désespoir de cause, que l'Œuvre ellemême a concouru au résultat de cette entrée en possession.

2° Quant aux réserves insérées dans le procès-verbal, au sujet des concessions d'eau accordées jusque-là, *sur l'une et l'autre branche du canal*, ces réserves avaient un but évident : c'était de forcer la Compagnie à ne point contester la validité des concessions les plus récentes, *qui avaient dépassé le maximum du contingent fixé à la branche méridionale par les délibérations de* 1826 *et de* 1838, *et par les actes administratifs qui en avaient été la suite*. La Compagnie, en effet, pouvait dire à l'administration :

J'ai pris la concession des travaux d'achèvement de la branche septentrionale sous l'empire d'une situation qui limitait d'abord à 30 moulans, puis à 31 moulans 11/24, le contingent à dériver de la prise commune pour le service de la branche méridionale : vous avez changé cet état de choses; vous avez successivement altéré la proportion des dérivations propres à chaque branche; vous venez notamment de concéder, en dehors des limites ainsi déterminées, un demi-moulan au profit de la Compagnie d'Istres et d'Entressens, aux termes d'un acte passé au secrétariat de la préfecture *le* 14 *juillet* 1841, c'est-à-dire à une date qui est de deux ans postérieure à l'adjudication de la branche septentrionale : vous n'aviez pas ce droit, et cette dernière concession, plus particulièrement que toute autre, doit être révoquée. »

Voilà ce que la Compagnie aurait pu dire ; et ce raisonnement avait d'autant plus de force, qu'ayant le droit de réclamer pour elle-même *la gestion de la prise commune*, elle devait se préoccuper vivement des dérivations accordées sur l'une et l'autre branche, puisque dans l'hypothèse d'une prise commune elle devait être appelée à les desservir.

Mais cela explique aussi pourquoi l'Administration désirait qu'en prenant possession du canal, la Compagnie respectât l'exercice des droits qui avaient été, dûment ou indûment, attribués à toutes les concessions d'eau accordées jusque-là.

3° Relativement au percé d'Orgon, l'Administration ne pouvait négliger l'intérêt de l'Etat, qui consistait à distraire au plus tôt de l'abonnement de l'OEuvre générale une branche qui, sous l'empire de cet abonnement, ne laissait au Domaine que des charges sans compensation. L'occasion des réparations mentionnées ci-dessus avait été, pour atteindre ce but, parfaitement choisie, et c'est pourquoi l'Administration s'était efforcée de faire résulter du procès-verbal l'obligation pour la Compagnie de payer ces réparations à partir de la date même de l'adjudication.

De ce concours de circonstances il résulte que, nécessairement, aux yeux de toutes les parties, l'abonnement était rompu en tout ce qui concerne la branche septentrionale ; que la remise qui avait fait l'objet de ce procès-verbal n'avait été que l'inauguration d'un régime nouveau ; qu'enfin l'OEuvre générale et l'État n'avaient plus rien désormais à prétendre, ni sur la jouissance, ni sur la propriété de cette branche, dont les charges comme les avantages se trouvaient exclusivement transportés à la Compagnie.

Ces préliminaires accomplis, la Compagnie, de son côté, n'avait plus qu'à se préoccuper de la réalisation des obligations de son contrat.

Le 18 février 1840, c'est-à-dire avant l'expiration du délai qui lui avait été réservé pour la présentation de ses projets, elle avait soumis à l'Administration les plans et dessins qu'elle devait exécuter.

Ses projets, rédigés par M. Vallès, ingénieur des ponts et chaussées, en conformité des projets antérieurs des ingénieurs du Département, MM. Garella et Poulle, consistaient :

1° A diviser la concession en deux parties, dont une dériverait ses eaux par l'ancienne prise de Mallemort, et l'autre par une prise supplémentaire à construire à Rognonas ;

2° A demander, pour cette prise supplémentaire, un supplément de concession, pour porter à 10 mètres cubes d'eau par seconde le volume limité à 5 mètres par l'ordonnance de 1839 ;

3° A diviser par moitié, entre les deux prises, le volume total qui serait définitivement autorisé, ce qui faisait dire à M. Vallès, dès la première page de son *devis descriptif* :

« Si les cinq mètres ne sont pas augmentés, ce sera deux mètres cinquante que chaque branche-mère « recevra. S'il y a augmentation, le volume total sera de dix mètres, dont *cinq pour chaque branche*. »

Partant de là, l'ingénieur présentait ses projets pour l'hypothèse où chaque branche recevrait

5 mètres cubes, et commençait par s'occuper, dans ce sens, du projet de la branche de Mallemort.

Il signalait d'abord les dimensions de l'ancienne prise et celles de l'ancien canal entre la Durance et le pont Donneau, comme tout à fait suffisantes (suivant les profils mêmes qu'il avait extraits des études de M. Garella) pour débiter toute la quantité d'eau nécessaire au service de toutes les concessions jusque-là accordées sur l'une et l'autre branches, y compris les 5 mètres cubes réservés ci-dessus.

« En se plaçant, disait-il, dans la supposition que *la totalité du volume concédé à la branche septentrio-*
« *nale sera prise à Mallemort*, on arrive à cette conclusion que le maximum du volume d'eau que le canal
« d'Orgon recevra est de huit mètres cubes. »

Les profils par lui présentés pour la partie comprise entre le pont Donneau et la Martellière de Saint-Andéol, en aval du percé d'Orgon, étaient dès lors calculés pour ce débit.

Quant à ceux de la partie comprise entre la Martellière de Saint-Andéol et le bassin de partage de Saint-Remy, le mémoire portait :

« Avec les dimensions projetées, le canal pourra laisser couler, avant de déverser, huit mètres cubes.
« Or, le maximum d'eau qu'il doit recevoir, en supposant qu'on satisfasse à toutes les demandes de la
« compagnie, étant de cinq mètres cubes, on voit que, dans tous les cas, la cuvette projetée sera plus que
« suffisante pour satisfaire aux conditions de l'écoulement. Dans le cas où le volume maximum de cinq
« mètres cubes coulera dans le canal, le niveau des eaux se maintiendra à 0,50 en contrebas du sommet
« des digues. »

Il est donc constant que, d'après les projets présentés par la Compagnie, en conformité de l'ordonnance d'adjudication de 1839, l'ancien canal de Mallemort devait être consacré au service commun des deux branches, sans qu'il fût nécessaire d'y apporter aucun changement, puisque le volume même des concessions avait été réglé de manière à ne point dépasser le débit virtuel de la prise, et puisque cette circonstance avait contraint la Compagnie elle-même à se pourvoir d'un supplément de concession, au prix des sacrifices commandés par la nécessité d'une nouvelle prise à établir à Rognonas.

Mais provisoirement, la Compagnie ne présentait d'autre projet que celui de la dérivation de Mallemort, correspondant au débit de cinq mètres, en sus des prises des abonnataires, c'est-à-dire qu'elle ne s'obligeait à exécuter (tant qu'elle n'aurait pas obtenu le supplément de concession demandé) que la branche-mère d'Orgon à Saint-Remy, avec un seul embranchement sur Eyragues.

Par dépêche ministérielle du 12 mars 1840, un *plan d'ensemble* fut réclamé à l'appui de ces projets, et par une autre dépêche du 27 juillet, il fut décidé, sur l'avis du Conseil général des ponts et chaussées, qu'une enquête serait ouverte sur le projet de division de la concession en deux prises d'eau.

L'enquête eut lieu immédiatement. Un exemplaire lithographié du *plan d'ensemble* fut déposé au secrétariat de toutes les mairies. Le tracé de chacune des branches projetées y fut présenté comme suit :

La première branche, *empruntant l'ancienne prise et le canal alimentaire de Mallemort*, ne devait comprendre, outre la portion déjà exécutée depuis le pont Donneau jusqu'aux martellières de Saint-Andéol, que la branche-mère de Saint-Rémy et l'embranchement secondaire d'Eyragues, destiné à se jeter dans le ravin formant la limite entre cette commune et celle de Château-Renard, pour se perdre de là dans le *Réal*. Un autre embranchement était projeté dans la direction de Saint-Gabriel, partant du bassin de partage de Saint-Rémy et devant s'écouler, à son extrémité, dans le cours d'eau désigné sous le nom de *Vigueirat*. Mais la construction de cet embranchement restait subordonnée à l'obtention du supplément de concession.

La seconde branche ne devait recevoir ses eaux que de la prise supplémentaire de Rognonas, pour former, entre la Durance et Tarascon, un grand canal destiné à se perdre dans le Rhône, un peu au-dessus de cette dernière ville. Mais deux embranchements, l'un sur Barbentane et l'autre sur Boulbon, étaient également projetés pour le cas où le supplément d'eau serait accordé.

Tel était, dans ses détails, le projet de la Compagnie générale de dessèchement. On trouve encore dans les archives de la préfecture et de la sous-préfecture de nombreux exemplaires du plan soumis alors à l'enquête.

Par décision du 17 juillet 1841, fut approuvé le projet de division de la concession en deux prises, mais une nouvelle enquête fut ouverte sur la répartition des eaux entre les diverses communes.

Jusque-là le supplément d'eau n'était point accordé ; une ordonnance était pour cela nécessaire, et nous verrons bientôt que c'est seulement par décret du 31 juillet 1851 que la demande de la Compagnie fut enfin accueillie sur ce point. Mais, en attendant, le principe de la division était admis ; et une nouvelle décision du 18 mars 1842, transmise à M. le préfet des Bouches-du-Rhône par dépêche ministérielle du 25 du même mois, approuva dans leur ensemble les projets de la Compagnie.

Il résulta de cette approbation :

1° Que la Compagnie fut autorisée, conformément à l'art. 6 de l'ordonnance d'adjudication, à emprunter en totalité la portion du canal ouverte entre la Durance et le pont Donneau ;

2° Qu'en attendant qu'il fût légalement statué sur la demande en supplément de concession, la Compagnie fut autorisée à prendre le volume d'eau réservé à la branche septentrionale, savoir : trois mètres par la prise de Mallemort, en sus des prises des abonnataires, et deux mètres par la prise de Rognonas ;

3° Que la Compagnie fut autorisée « à suivre, pour la branche-mère d'Orgon et la branche secondaire d'Eyragues, le tracé et le profil présentés par elle, » c'est-à-dire à donner à ses ouvrages des dimensions propres à débiter la totalité des eaux concédées, par la dérivation seule de Mallemort, sauf augmentation ultérieure de la concession, et sauf approbation des projets de détail à présenter pour la branche secondaire de Saint-Gabriel et la prise de Rognonas.

Telle est la base sur laquelle furent entrepris les travaux de la Compagnie adjudicataire. Les projets à exécuter pour fixer les conditions de l'entreprise sont ceux qui, présentés le 18 février 1840, furent approuvés, après enquête, par décision ministérielle du 18 mars 1842.

Les travaux commencèrent vers le mois de septembre de cette même année. La Compagnie ouvrit, en aval du percé d'Orgon, à partir des martellières Saint-Andéol, la branche-mère d'Orgon à Saint-Remy.

Pendant tout le cours de l'année 1843, les travaux furent continués avec activité. Mais, dès le commencement de 1844, ils furent ralentis et bientôt arrêtés. La Compagnie générale de desséchement, ayant éprouvé dans ses spéculations des revers de toute nature, songea à liquider toutes les entreprises dans lesquelles elle était engagée, et notamment à vendre la concession du canal des Alpines.

Les choses en cet état, les rapports entre les deux branches du canal n'étaient point encore réglés par l'Administration, suivant la réserve énoncée à l'article 6 de l'ordonnance du 11 avril 1839. Mais le représentant de la Compagnie, agissant dans un intérêt que nous ne voulons pas rechercher, crut devoir acheter la faveur de cette association, en adhérant purement et simplement, par acte du 8 février 1844, passé devant Me Aubert, notaire à Eyguières, à la délibération du 12 octobre 1839.

Si cette adhésion tardive et injustifiée pouvait être considérée comme un acte de quelque valeur, ce serait le cas de dire que le représentant de la branche septentrionale aurait alors *vendu son droit d'aînesse pour un plat de lentilles*.

Mais une pareille adhésion ne pouvait empêcher la délibération dont il s'agit d'être entachée d'une nullité radicale. Les rapports entre les deux branches devant faire l'objet d'un règlement administratif, il n'était pas possible de les déterminer par voie d'arrangement privé ; et l'on sait même que l'art. 13 de cette délibération portait qu'elle ne serait rendue exécutoire que par l'approbation expresse de l'Administration.

C'était donc un acte sans portée que cette adhésion donnée en 1844 au projet que la Compagnie avait repoussé en 1839. Un tel acte accompli dans ces conditions était d'autant plus critiquable, que sa date coïncidait avec l'abandon que la Compagnie projetait de sa concession.

Un arrêté préfectoral du 11 décembre 1844 fut notifié à la Compagnie dans les termes suivants :

« .... Vu le rapport de l'ingénieur ordinaire de l'arrondissement d'Arles, *en date du 5 décembre 1844*, « visé par l'ingénieur en chef directeur du département, faisant connaître que *les travaux sont suspendus* « *depuis* PLUS *de six mois*, que la plus grande partie n'est qu'ébauchée, etc.;

« Considérant que la suspension des travaux, leur exécution incomplète et le peu de temps qui reste « pour les confectionner et achever, doivent faire craindre qu'ils ne soient point terminés ni en état de « réception à l'époque voulue, etc.;

« Les sieurs Thurninger, Guyardin, Roche et Ce, sont mis en demeure d'avoir terminé ledit canal et « ses dépendances au 9 octobre 1845, sous peine de déchéance, etc. »

Mais déjà, avant la date de cette notification, la Compagnie générale de desséchement avait vendu tout son actif mobilier et immobilier, y compris la concession et les travaux du canal des Alpines, à une Compagnie anglaise en voie de formation. Cette vente avait fait l'objet d'un premier acte du 16 octobre 1844, qu'avaient précédé de longues négociations, et qui fut suivi d'actes nouveaux à la suite desquels fut reconstituée, comme on va le voir ci-après, l'entreprise d'achèvement du canal des Alpines.

SEPTIÈME PÉRIODE

SUBSTITUTION DE LA COMPAGNIE ANGLAISE A LA COMPAGNIE GÉNÉRALE DE DESSÉCHEMENT. DÉCHÉANCE DE CETTE COMPAGNIE.

Par acte authentique du 20 novembre 1845, reçu par Mᵉ Cahouet, notaire à Paris, la Compagnie générale de desséchement vendit définitivement la concession du canal des Alpines et tous les droits y afférents, à la Société anglaise Rathbone, Ewart, Hall et Cᵉ, constituée sous la dénomination de *Compagnie du canal des Alpines.*

Une ordonnance royale du 13 décembre suivant accorda à la Compagnie de nouveaux délais d'exécution. Le terme, fixé au 9 octobre 1845 par l'ordonnance d'adjudication, fut prorogé au 9 octobre 1848.

Cette ordonnance rappelle « l'approbation donnée au projet des travaux par le ministre des « travaux publics le 18 mars 1842, » et rend par conséquent applicables à la nouvelle Compagnie les mêmes conditions d'exécution.

Les travaux vont être repris. Mais ce qui avait été fait à l'égard de la première Compagnie, relativement au percé d'Orgon, fut renouvelé à l'égard de la Compagnie anglaise. Le premier acte qui lui fut notifié est un arrêté de préfecture, portant :

« Vu l'ordonnance royale du 11 avril 1839, ordonnant l'adjudication du canal des Alpines, et en particulier l'article 3, qui fait à l'adjudicataire l'abandon gratuit de toute la partie dudit canal, antérieurement « construite aux frais de l'État, s'étendant depuis le pont Donneau jusqu'à la sortie du percé d'Orgon;

« Vu le procès-verbal dressé le 10 octobre 1845 pour constater le mauvais état dans lequel se trouve le « percé d'Orgon et la chute de trois des arcs destinés à le soutenir;

« Considérant que l'État n'a pu faire à la Compagnie l'abandon de sa propriété d'intérêt général qu'à la « condition qu'elle serait entretenue et maintenue par elle en bon état...

« La Compagnie concessionnaire de la branche septentrionale du canal des Alpines est mise en demeure « d'avoir, dans le délai d'un mois à partir de la notification du présent arrêté, fait au percé d'Orgon les « réparations les plus nécessaires pour en assurer la conservation et empêcher tout éboulement, etc., etc. »

L'administration, on le voit, poursuit toujours le même but : elle saisit chaque occasion de constater qu'elle est irrévocablement déchargée, relativement au percé d'Orgon, des obligations qui résultaient pour elle de l'art. 4 de l'acte d'abonnement. La Compagnie anglaise est ainsi prévenue que, par le fait seul de son *entrée en jouissance*, succédant au bénéfice du procès-verbal de remise du 30 décembre 1841, elle succède aux charges d'entretien de la portion distraite en sa faveur du régime de l'abonnement.

Sur cette mise en demeure, elle s'impose immédiatement la charge des réparations ordonnées: elle livre à ses entrepreneurs une somme de 18,000 fr. pour exécuter le travail selon les prescriptions d'un devis dressé par l'Administration elle-même.

Bientôt elle poursuit l'achèvement de la branche-mère d'Orgon à Saint-Remy, et fait commencer les travaux de la branche secondaire d'Eyragues.

Relativement à cette dernière branche, nous avons vu que, d'après le projet approuvé, les eaux de fuite du canal devaient aboutir au ravin qui sert de ligne divisoire entre la commune d'Eyragues et celle de Chateau-Renard, et de là se jeter dans le *Réal*. — La Compagnie (qui malheureusement confie ses intérêts à des hommes qui poursuivent un autre but que le sien) se laisse imposer par ces derniers des modifications au projet approuvé. Ceux-ci, sans se pourvoir d'une autorisation nouvelle de l'administration supérieure, n'hésitent pas à entreprendre un prolongement tout à fait inutile de la branche d'Eyragues, à travers des rochers qui s'étendent sur le territoire de Châleau-Renard.

Ils font plus, ils se décident à entreprendre immédiatement la branche de Saint-Gabriel, dont la construction, d'après le projet approuvé, restait subordonnée à l'augmentation non encore obtenue du volume de la concession. — Quant au projet d'exécution de cette dernière branche, tel qu'il est présenté par les agents de la Compagnie, il n'est point conforme non plus à l'avant-projet qui avait été mis à l'enquête. Il tend, ainsi que le prolongement de la branche d'Eyragues, à augmenter considérablement et sans compensation les charges de l'entreprise. Au lieu, notamment de faire déverser dans le *Vigueirat*, à Saint-Gabriel, les eaux de fuite de cette branche, il les conduit jusqu'au Rhône, *au moyen d'un long aqueduc en remblai à travers la plaine de Tarascon*.

Ce nouveau projet, sans doute, est de nature à soulever de graves objections, comme susceptible de retenir les eaux d'écoulement de la plaine en temps d'orage, et principalement en temps d'inondations de la Durance et du Rhône. Mais avant de se décider à le mettre à l'enquête, on sonde les dispositions des localités intéressées. Or, comme du sein de ces localités il s'élève d'avance des protestations énergiques contre l'adoption de ce système, on élude l'enquête; et le projet, soumis à l'administration supérieure, uniquement au point de vue de l'art. est approuvé par décision ministérielle du 6 novembre 1847.

C'est donc dans ces conditions nouvelles que, sans enquête d'utilité publique, des modifications sont apportées aux projets antérieurement approuvés.

Nous venons de dire que ces innovations tendaient directement à accroître les charges de la Compagnie. Elles n'étaient évidemment profitables qu'à ceux qui exécutaient les travaux. Mais, sous l'empire de ces conditions nouvelles, les ressources de la Compagnie s'épuisent. D'autres circonstances, qu'il serait superflu de rapporter ici, viennent se joindre à celle-là, pour induire les capitalistes anglais à croire, d'après le chiffre de leurs dépenses, que l'entreprise touche à son terme, alors qu'au contraire les travaux réellement exécutés ont jusque-là peu d'importance et sont fort loin encore de leur achèvement.

Vers la fin de **1847**, les travaux se ralentissent encore, et ces mêmes agents qui ont si peu servi les intérêts de la Compagnie se constituent envers elle dans un état de sourde hostilité. Chose incroyable ! à ce moment ils se disent tous ses créanciers, et les sommes qu'ils réclament excèdent la valeur même de l'ensemble des travaux jusque-là exécutés par les deux compagnies, quoique les dépenses réellement faites par les bailleurs de fonds se soient élevées, pour la période de la Compagnie de desséchement, à environ **1,400,000** fr., et pour celle de la Compagnie anglaise à environ **1,100,000** fr.

Sur ces entrefaites, survient la révolution de **1848**. Au moment de l'effervescence la plus grande, par un rapport en date du **14** *avril*, le Commissaire extraordinaire du département propose au Ministre de prononcer immédiatement la déchéance de la Compagnie, et d'appliquer le montant de son cautionnement à l'achèvement des travaux.

Une décision du **17** août suivant, notifiée par dépêche ministérielle du **15** septembre, prononce la déchéance par le motif :

« D'une part, qu'aux termes de l'ordonnance du 11 avril 1839, les travaux prescrits par cette ordon-
« nance devaient être exécutés dans le délai de six années; d'autre part, qu'une ordonnance, intervenue
« le 13 décembre 1845, sur la demande de cette Compagnie, *a prorogé ce délai jusqu'au 9 octobre* 1847, et
« qu'il a été constaté, *à cette dernière époque*, que les travaux, loin d'être terminés, étaient *complètement*
« *abandonnés* (1) ».

La Compagnie se pourvoit immédiatement devant le conseil d'Etat contre cette décision, exposant que le délai prorogé par l'ordonnance du 13 décembre **1845** n'expirait que le 9 *octobre* **1848** et non le 9 octobre **1847**, et *qu'à cette dernière époque* les travaux n'étaient ni abandonnés ni même suspendus.

Mais, à ce moment, le fait est accompli. La société Rathbone, Ewart, Hall et compagnie, sous l'empire des craintes que lui inspire l'état révolutionnaire du pays, se dissout. La déchéance est prononcée ; elle sera irrévocable.

HUITIÈME PÉRIODE

RÉGIME PROVISOIRE INSTITUÉ PAR L'ADMINISTRATION APRÈS LA DÉCHÉANCE DE LA COMPAGNIE

Le premier acte administratif intervenu après la déchéance est un arrêté préfectoral du **13** décembre **1848**, ainsi conçu :

(1) Voir le texte de cette décision dans notre *Collection de titres officiels*, pages 32-33.

« Considérant que la déchéance prononcée contre la compagnie du canal des Alpines ne permet pas à « cette dernière de se faire représenter dans les réunions où *l'intérêt de l'OEuvre* de ce canal doit être con- « sulté...

« Le sieur Nivière, conducteur des ponts et chaussées, est provisoirement accrédité auprès de toutes « les associations syndicales, pour représenter *l'intérêt de l'OEuvre* de la branche septentrionale du canal « des Alpines... »

La Compagnie déchue est donc complétement exclue du service des eaux et du canal. Elle n'a plus de travaux à faire, plus de prises à alimenter, plus de rapports possibles avec l'OEuvre des abonnataires.

Or, le 4 juin 1849, ceux-ci se réunissent en assemblée générale pour voter la dépense de travaux à exécuter dans le lit de la Durance pour assurer l'alimention de la prise de Mallemort. Le délégué de l'Administration, M. Nivière, se présente à l'Assemblée : il est éconduit, aux termes mêmes de la délibération, par la raison que *la Compagnie étant déchue, et l'État refusant de se mettre en son lieu et place, personne ne peut avoir le droit de représenter une Compagnie qui n'existe plus.*

Dans une nouvelle réunion du 20 juillet 1849, convoquée pour le même objet, le délégué de l'Administration est également exclu du vote. Il est important de noter que la dépense projetée soulevait de très vives et de très justes oppositions ; qu'à peine exécutés, les ouvrages qu'il s'agissait alors de débattre furent emportés par une crue de la rivière, et qu'enfin il ne résulta rien d'utile de la dépense que l'on avait ainsi votée en dépit de toutes les objections et à l'exclusion de l'intérêt de la branche septentrionale.

Si le représentant de cette branche avait repoussé la mesure (en exerçant, conformément aux principes posés par l'OEuvre générale elle-même dans sa délibération du 12 octobre 1839, les droits afférents au nombre de moulans à raison desquels on a prétendu plus tard faire contribuer la Compagnie), la dépense eût été écartée par la majorité des voix.

Mais, sans entrer dans plus de détails, il est évident qu'à cette époque la Compagnie déchue était devenue étrangère aux charges comme aux avantages de la gestion du canal ; que non-seulement l'Administration en avait jugé ainsi, puisqu'elle avait délégué un de ses propres agents pour représenter *l'intérêt de l'OEuvre*, dont la Compagnie était dépossédée ; mais que l'association des abonnataires avait elle-même renoncé à tout recours contre la Compagnie et contre les représentants de la branche septentrionale, à raison des dépenses qu'elle seule avait ordonnées, puisqu'elle avait empêché ces derniers d'en discuter l'utilité et de participer, selon leur droit, à un vote qui aurait pu avoir pour effet de prévenir ces dépenses mêmes.

Mais la saison des arrosages est arrivée. La portion des travaux jusque-là exécutés peut permettre l'irrigation de quelques quartiers, spécialement dans la commune d'Eygalières. Les habitants de cette commune s'adressent à l'Administration pour obtenir la faculté de se servir du canal. Ce n'est point à la Compagnie, bien entendu, qu'on demande l'autorisation de profiter des ouvrages qu'elle a exécutés; sa déchéance l'a mise hors de cause. On s'adresse au préfet, et ce magistrat rend l'arrêté suivant :

« Vu la demande présentée par le Conseil municipal d'Eygalières, à l'effet d'être autorisé à user de la « branche septentrionale du canal des Alpines.....

« *La commune d'Eygalières est autorisée à user du canal d'arrosage construit par la Compagnie des dessèche-* « *ments*, en y introduisant *deux moulans d'eau*, soit 530 litres par seconde, livrés par l'OEuvre générale des « Alpines.

« *Elle traitera* à cet effet *avec l'OEuvre générale*, d'après les bases arrêtées entre cette OEuvre et la Com- « pagnie déchue, *et à des conditions plus favorables, si elle le peut, en ayant égard à la proportion des eaux* « *livrées*..... »

Il ressort de ces dispositions :

1° Que la Compagnie déchue n'a plus d'action sur son canal, et que l'Administration en fait l'usage qu'elle veut ;

2° Que tous rapports à établir avec l'OEuvre générale sont étrangers à la Compagnie après sa déchéance, et appartiennent pour l'exercice 1849 à la commune d'Eygalières ; que les bases mêmes des arrangements antérieurement arrêtés n'ont rien d'obligatoire pour la commune ; que celle-ci doit traiter à nouveau, et traiter *à des conditions plus favorables, si elle le peut*, en payant à l'OEuvre générale un prix proportionnel à la quantité des eaux qui seront réellement livrées, et dont le maximum et fixé à *deux moulans*.

Les articles suivants de l'arrêté ont particulièrement pour objet de mettre le service des eaux et du canal sous la responsabilité de la commune, et de lui imposer pour cet exercice les frais d'entretien et de recurage, avec l'obligation de rétablir les lieux, après la saison des arrosages, dans leur état antérieur, tel qu'il aura été constaté par procès-verbal. Il est dit enfin que cette autorisation n'est donnée qu'*à titre provisoire* et sans aucune garantie de l'Administration, *jusqu'à ce qu'il ait été pourvu au remplacement de la Compagnie déchue* (1).

Voilà comment les choses s'organisent après la déchéance. Cet arrêté reçoit sa pleine et entière exécution. La commune d'Eygalières traite avec l'OEuvre générale ; elle prend livraison des eaux et arrose son territoire. Par suite de ces faits, elle se reconnaît encore, à la date de ce jour, débitrice envers l'OEuvre générale d'un solde de contribution.

En 1850, l'Administration croit devoir adopter un autre moyen pour assurer le service des eaux. Les faits conservent le même caractère ; c'est toujours à titre provisoire qu'il est pourvu à ce service par un arrêté daté du 2 juillet, rectifié le 20 du même mois.

On répète, dans ce nouvel arrêté, que *la Compagnie, actuellement en déchéance, n'a pas d'existence légale ; que l'on n'entend impliquer en quoi que ce soit le relevé de sa déchéance ;* mais on charge le représentant ou l'entrepreneur de cette Compagnie, *sous sa responsabilité personnelle*, de faire le service des arrosages, à la condition d'affecter par privilége (est-il dit à l'art. 8) les taxes des arrosants à payer les sommes dues à l'OEuvre générale *pour* 1849 *et*

(1) Voir le texte entier de l'arrêté, dans notre *Collect. de tit. offic.*, p. 33.

1850, et de fournir à celle-ci l'état détaillé des taxes, les noms des arrosants, les numéros de la matrice cadastrale, l'indication des surfaces, etc.

L'entrepreneur et l'ancien agent de la Compagnie refusent, à ces conditions, de faire le service. La Compagnie proprement dite n'entre pour rien dans ces combinaisons. Elle persiste simplement dans le pourvoi qu'elle a formé contre la décision de déchéance, et se tient à l'écart. Au reste, il est constant qu'on n'attend d'elle aucune responsabilité, puisqu'on insère dans un acte authentique qu'*elle n'a pas d'existence légale*, et qu'on préfère recourir à la *responsabilité personnelle* de son entrepreneur.

Quant aux sommes à payer à l'OEuvre générale, pour 1849 et 1850, elles sont assurées par un gage et par un privilége : on n'a pas à prévoir davantage. Il est stipulé que ces sommes seront prélevées sur les produits.

Dans ce désordre, comment les faits s'accomplirent-ils en 1849 et 1850? Les eaux furent-elles réellement et régulièrement introduites dans le canal? Dans quelle proportion le furent-elles? Et comment le service fut-il fait? C'est ce qu'il nous serait difficile de dire ; et c'est pourtant le premier point qu'il faudrait établir pour déterminer la situation véritable de l'OEuvre générale vis-à-vis des intéressés qui ont profité des eaux pendant ces exercices. Ce qu'il y a de certain, c'est que la Compagnie fut complétement étrangère au service; que son entrepreneur et son agent déclinèrent la responsabilité comme le bénéfice de l'arrêté préfectoral. Ce qu'il y a de certain, c'est qu'alors le syndic de l'OEuvre générale s'adressa à M. le préfet des Bouches-du-Rhône, pour lui exposer son embarras au sujet des *quatre moulans* qui, dit-il, lui avaient été demandés par l'entrepreneur, et que celui-ci refusait de prendre aux conditions de l'arrêté.

Dans l'état d'incertitude où cette circonstance le place, le syndic déclare qu'il aime mieux, au pis-aller, laisser la contrée en possession des eaux, que de les retirer du canal, et il conclut :

« Je viens, Monsieur le Préfet, dans le cas où les *agents* de la Compagnie ne pourraient être contraints « à remplir les obligations qui leur sont imposées par l'arrêté du 2 juillet, vous prier de l'accomplir, cet « acte, *en confiant l'exécution de l'article 8 aux maires des communes qui profitent des avantages de l'irriga-« tion* (1). »

Les choses restent en cet état jusqu'à l'exercice suivant.

Mais en 1851, l'administration fait ce que l'OEuvre générale a demandé : par un arrêté du 11 mars, elle organise un syndicat généralement composé des maires des communes, à qui elle confie la mission d'assurer le payement des arriérés de 1849 et de 1850, sur le produit des taxes à la charge des arrosants.

L'arrêté constate d'abord que la Compagnie, *par suite de sa déchéance*, n'est pas en mesure d'utiliser au profit des populations traversées, la partie du canal qui peut recevoir les eaux ;

(1) Voir, aux archives de la préfecture, cette lettre du syndic de l'OEuvre générale, en date du 14 août 1850. — Voir les autres pièces citées par fragments dans notre *Collect. de tit. offic.*, p. 34 et suiv.

qu'elle n'a pris aucune disposition, en 1850, pour réaliser les intentions de l'administration; que, par suite, il y a lieu de confier aux propriétaires des communes intéressées le soin d'assurer eux-mêmes l'arrosage de leurs propriétés, au moyen des ouvrages exécutés par la Compagnie. Ces propriétaires, en conséquence, sont réunis provisoirement en association syndicale, chargée de pourvoir à la conservation et au service du canal, de percevoir les taxes d'arrosage, de traiter avec l'OEuvre générale, pour le prix et le volume d'eau à prendre dans le canal domanial, jusqu'à concurrence du maximum de *sept moulans;* enfin, de procéder à la *liquidation des sommes* DUES PAR LES PROPRIÉTAIRES QUI ONT JOUI DE L'ARROSAGE, *depuis que la Compagnie est en déchéance, soit pendant les exercices* **1849, 1850.**

« Si les sommes provenant des recettes ne suffisent pas (est-il dit dans l'arrêté, art. 38), il y sera pourvu « *aux frais des intéressés* par une cote spéciale, et provisoirement, suivant le cas, *par les membres du syndicat « et les signataires des pétitions, conformément à leur engagement* (1) ».

La situation créée par ces dispositions est parfaitement nette. Il est clairement énoncé que les sommes qui peuvent être dues sur les exercices postérieurs à la déchéance sont à la charge des propriétaires qui, pendant cette période, ont joui de l'arrosage. La Compagnie ne cesse pas d'être dépossédée du canal, et elle n'en retire aucun produit. C'est l'administration seule qui en dispose, comme elle le juge convenable, sans prendre conseil que d'elle-même, et dans l'intérêt exclusif des propriétés riveraines. Mais, en en disposant ainsi (sans que son droit même, à cet égard, soit établi sur des bases incontestables), l'administration du moins laisse la responsabilité de la gestion à ceux à qui elle en confère le profit.

Dans ce mode de procéder, l'administration entend que l'OEuvre générale soit tenue d'alimenter la branche septentrionale du volume d'eau annuellement nécessaire. Le maximum de ce volume d'eau est fixé, pour 1849, à *deux moulans;* il est fixé, pour 1850, à *quatre moulans.* — Quelle a été, sur ce maximum, la quantité réellement fournie? C'est une question que les intéressés seuls peuvent débattre. Mais dans tous les cas, il est bien entendu que le prix doit être réglé suivant la proportion de la quantité d'eau réellement livrée, et rester à la charge de ceux qui en ont profité. — Pour 1851 le maximum est fixé à *sept moulans.* Le canal ne peut en recevoir davantage, ainsi qu'il est constaté par procès-verbal des ingénieurs, des 26 et 27 mars, portant que, « moyennant quelques réparations de peu d'importance, le canal peut conduire les sept moulans d'eau (soit 1 mèt. c. 76), formant la partie du contingent accordée comme *maximum* pour les arrosages de cette année. » Mais ce maximum n'est point livré. Par délibération du 31 mai 1851, il intervient un arrangement entre l'OEuvre générale et le syndicat provisoire, arrangement en vertu duquel on déclare respectivement « consentir à ce que la demande en délivrance de sept moulans d'eau précédemment faite par le syndicat soit réduite à *cinq moulans.* »

Ainsi toutes les bases d'opération et de transaction, pour cette période, sont régulièrement

(1) Voir aux archives le texte entier de l'arrêté, tel qu'il fut affiché dans toutes les communes (Not. le préambule, les premiers articles et les art. 33 à 38). — Voir aussi nos extraits *ubi supra*, p. 35 et suiv.

posées. Les parties qui contractent sont connues, habiles à s'engager et dûment responsables. Leurs engagements sont réciproques et parfaitement définis. Mais nous notons que la Compagnie en déchéance n'entre et ne peut entrer pour rien dans tout cela.

Cependant l'entrepreneur que nous avons vu figurer ci-dessus et qui, dans des vues purement personnelles, voudrait saisir la gestion du canal, s'adresse à l'administration, et *demande que la Compagnie soit autorisée à faire la perception des taxes d'arrosage, sous condition de payer à l'OEuvre le prix de ses eaux.*

« *Cette prétention*, répond le Préfet, *n'est pas admissible*, puisque la Compagnie n'a pas accepté l'arrêté « de 1850 qui l'autorisait à faire la perception dont il s'agit, en lui imposant l'obligation de satisfaire les « arrosants, et que d'ailleurs *l'arrêté du 11 mars 1851 annule de fait celui de 1850*, en chargeant le syndicat « provisoire de la liquidation des recettes et des dépenses antérieures (1) ».

Après cela, comprend-on que quelqu'un puisse avoir la pensée de rendre la Compagnie déchue responsable des faits de cette période, tous accomplis sans elle, malgré elle et contre elle ! Une pareille idée ne peut se concevoir que comme le prétexte d'une tactique intéressée à poursuivre un but hostile à l'OEuvre de la branche septentrionale. Les représentants de la branche rivale, incessamment poussés par cet esprit d'empiétement qui cherche à dissimuler son objet véritable, veulent que la Compagnie soit débitrice des dépenses relatives à l'alimentation du canal, *après qu'elle en a perdu la possession*. Invoquant le prétendu traité dont le texte a été formulé par la délibération du 12 octobre 1839, et accepté en 1844 par la Compagnie générale de dessèchement, ils feignent d'oublier :

1° Que la Compagnie anglaise n'est point la Compagnie générale de dessèchement, et qu'il reste à prouver comment un acte purement civil de l'une peut être obligatoire pour l'autre ;

2° Que ce prétendu traité (qui d'ailleurs, d'après son propre texte, n'a jamais été exécutoire ni valable) n'est surtout susceptible d'aucune application à l'égard de la Compagnie anglaise, après qu'elle a perdu la jouissance du canal ;

3° Qu'enfin, ce traité même n'entraîne d'autres conséquences que celles des actes administratifs énoncés ci-dessus ; c'est-à-dire qu'il ne peut, dans aucun cas, faire naître une dette de nature à justifier une action personnelle ; que les dépenses faites en exécution de ce traité pour l'alimentation commune du canal ne peuvent donner lieu qu'à des reprises à exercer suivant certaines formes et dans certains délais, sur les taxes des arrosants *dans la proportion du nombre de moulans introduits, d'après la fixation de l'administration* ; que la garantie de leur payement réside uniquement dans la saisie des revenus et dans la fermeture des martellières des contribuables en retard (2).

Sous ces divers rapports, si l'OEuvre générale avait eu à invoquer, pour faits postérieurs à la

(1) Voir notre *Collect. de tit. offic.*, p. 36.

(2) Tout cela résulte d'une manière irréfragable des dispositions mêmes du prétendu traité (art. 2. — Art. 3, § 1 et 3, art. 6 et 7), combinées avec celles du Règlement de l'OEuvre générale (art. 66 et 67). Voy. *Tit. off.*, p. 10 et 27.

déchéance, de véritables titres de créance, elle n'aurait pu avoir, dans toute hypothèse, par application de son prétendu traité, comme par application des actes administratifs, qu'à exercer son privilége sur les revenus de cette période, ou à refuser les eaux, si le prix convenu pour leur livraison ne lui était point payé. Cela touchait peu, il est vrai, la Compagnie en déchéance ; mais hors de là, l'OEuvre générale était sans droit.

C'est ce que les représentants de cette association savaient fort bien. Mais ils avaient besoin d'un prétexte pour pallier leur tendance à se soustraire à la situation résultant pour eux des titres en vertu desquels la Compagnie avait été investie de la possession de la branche d'Orgon et des droits de l'Etat sur la prise de Mallemort. Ils avaient besoin d'un prétexte pour exploiter la défaveur qui planait alors sur cette Compagnie, et parvenir, à l'aide de cette défaveur, à empiéter sur les droits mêmes de sa concession. Ce prétexte fut trouvé : ils se prétendirent ses créanciers, et, comme tels, ils s'adressèrent au tribunal de Tarascon, par acte introductif d'instance du 28 juillet 1851, à l'effet d'obtenir la résolution du prétendu traité mentionné ci-dessus.

Mais quelle devait être, dans leur esprit, la conséquence de cette résolution de traité ? C'était de leur permettre de *reprendre la branche d'Orgon*, comme si la loi de 1826, l'adjudication de 1839 et l'investiture de la Compagnie n'avaient jamais existé, et de supprimer ainsi l'effet de tous les actes administratifs qui avaient fait novation au régime de l'abonnement.

Ils se disaient :

Quand nous aurons fait annuler ce traité (pour la forme bien entendu, car au fond ils savaient bien qu'il était déjà sans valeur), nous soutiendrons que c'est en vertu de ce traité que la Compagnie avait été mise en possession de la branche d'Orgon, des bâtiments et terrains qui en dépendent, de la communauté de prise, etc. En faisant admettre cette prétention, il s'ensuivra que l'annulation du traité aura légalement pour effet de nous rendre la possession de cette branche, et de nous autoriser à contester à la Compagnie la jouissance des francs-bords, le droit d'emprunter la prise et le canal domanial de Mallemort.

Malheureusement, tout cela était dénué de fondement. Ils feignaient toujours d'oublier que le régime de l'abonnement avait été modifié, pour cause d'utilité publique, de leur propre consentement, donné par délibérations de 1826 et de 1838; qu'il ne pouvait dépendre d'eux de rétablir désormais une situation dont la loi et l'ordonnance d'adjudication avaient irrévocablement consacré le changement; qu'enfin ce n'était point en vertu de leur prétendu traité, mais en vertu de cette loi et de cette ordonnance, que la Compagnie de desséchement était entrée *en jouissance* de la branche d'Orgon, suivant le procès-verbal du 30 décembre 1841, en dépit de leurs propres réclamations, fondées précisément sur ce que ce prétendu traité n'existait pas à cette époque, et que la Compagnie n'avait point voulu y adhérer (1).

Leur système était donc détestable au point de vue de la tradition ; détestable au point de vue du droit et du raisonnement. Mais dans leur esprit tout s'enchaînait à merveille, tant qu'ils n'é-

(1) Voir, ci-dessus, p. 55 à 58. — *Tit. offic.*, p. 28 à 30.

taient en présence d'aucun contradicteur ; et ils se persuadaient aisément qu'ils feraient admettre comme vrais les faits essentiellement controuvés que nous venons de rapporter.

Voilà comment ils ont été induits à soutenir la thèse insoutenable que la Compagnie était leur débitrice, pour frais d'alimentation du canal après sa déchéance. Voilà comment ils ont été induits à provoquer un *jugement par défaut*, pour faire prononcer par des magistrats incompétents la résolution du prétendu traité qui aurait été l'origine de cette prétendue dette. Le tribunal, en l'absence de toute discussion contradictoire, a prononcé cette résolution, suivant les termes mêmes de leur demande, par jugements du 29 août 1851 et du 17 mars 1852. Mais, aux yeux des représentants de la branche méridionale, ce résultat n'était qu'un acheminement vers le résultat plus grave qu'ils avaient seul en vue. Leur but réel, leur but unique, était de *s'emparer de la branche d'Orgon*, de supprimer à leur profit les droits dérivant de l'adjudication de la branche septentrionale, en exploitant, pendant la période de crise qui succédait à la Révolution de 1848, le discrédit que la dépossession des titulaires avait fait rejaillir sur tout ce qui se rattachait à leurs intérêts.

Or voici, en effet, la comédie qui fut jouée, comme conséquence de ces derniers incidents :

Le syndic de l'OEuvre générale requit un huissier « de le mettre en possession du canal des Alpines, branche septentrionale, à partir du pont Donneau jusqu'à la sortie de la mine d'Orgon » ; et, par procès-verbal du 12 juin 1852, l'huissier constata s'être rendu sur les lieux, avoir fait faire *acte de propriétaire* audit syndic, *lui ayant fait couper quelques branches d'arbres et puiser de l'eau du canal;* et enfin « l'avoir mis en possession de toute l'étendue du canal et de ses francs-bords de Mallemort à Orgon, faisant très expresses défenses à qui que ce soit de le troubler à l'avenir dans sadite possession (1) ».

Nous qualifions cela de comédie, et nul ne nous démentira. Comment l'huissier requis par le syndic a-t-il pu donner à celui-ci le droit de faire *acte de propriétaire?* Les abonnataires réunis ne sont, au pis-aller, que des *fermiers* de l'Etat. Comment la loi de 1826 et l'ordonnance de 1839 ont-elles pu ainsi disparaître sous cette baguette magique? Comment un jugement *par défaut* rendu par un tribunal civil a-t-il pu avoir pour conséquence de révoquer l'ensemble des actes administratifs qui avaient réalisé l'investiture de la Compagnie, et en particulier mettre au néant l'acte de mise en possession du 30 décembre 1841, qui avait été accepté par les représentants de l'Etat, avec le concours de l'OEuvre générale elle-même!

L'Administration publique, regrettant la décision de déchéance rendue pour les motifs et dans les circonstances que nous avons rappelés ci-dessus, appréciait les faits bien autrement. Elle voulait revenir sur cette décision, rétablir la Compagnie dans tous ses droits, accroître même la valeur et développer les bienfaits de sa concession. Tandis que les faits que nous venons d'exposer s'accomplissaient dans la localité, comme une sorte de conspiration clandestine

(1) Voir cet acte dans le Mémoire publié en 1855 par nos adversaires, p. 92.

suscitée par des pensées de rivalité et d'envahissement, l'Administration publique élaborait un projet de décret, pour réparer le désastre causé par la dépossession de la Compagnie. Ce décret fut rendu à la date du 31 juillet 1851 (1).

Nous allons rendre compte des dispositions de ce décret; mais nous ne signalerons que les faits principaux, propres à caractériser cette nouvelle phase de l'affaire.

La demande que la Compagnie générale de desséchement avait formée en 1840, lors de la présentation de ses projets, à l'effet d'obtenir un contingent d'eau plus considérable à dériver de la Durance, fut favorablement accueillie par l'Administration. Nous n'avons pas besoin de rappeler que cette demande remontait jusqu'à l'époque même des premières études, puisque les ingénieurs du Gouvernement avaient voulu, dès 1820, doter l'entreprise d'une concession d'eau de 18 mètres cubes par seconde. Le décret du 31 juillet 1841, consacrant la division de la concession en deux prises, affecte à la prise de Rognonas un volume de cinq mètres, indépendamment des cinq mètres déjà réservés sur la dérivation de Mallemort, en sus des quantités propres aux abonnataires.

Il suit de là que l'autorisation déjà donnée par l'Administration d'emprunter l'ancienne prise, l'ancienne portion du canal des Alpines, ouverte entre la Durance et le pont Donneau, pour la dérivation du contingent fixé par l'ordonnance de 1839, fut confirmée par le décret du 31 juillet 1851.

Il fut en outre stipulé qu'après l'achèvement de la branche de Mallemort, c'est-à-dire de l'ensemble des canaux dérivés de l'ancienne prise, et formant un système complet, sous le nom de *première branche septentrionale du canal des Alpines*, la Compagnie concessionnaire pourrait devenir propriétaire incommutable de cette première branche, à la condition seule d'avoir dépensé un minimum de 50,000 fr. sur la seconde, désignée sous le nom de *branche de Rognonas*.

Enfin, un nouveau cautionnement de 100,000 fr. fut imposé à la Compagnie, en sus de celui de pareille somme antérieurement versé et confisqué, mais dont la restitution fut ordonnée sous certaines conditions par le décret.

Une dernière disposition qu'il importe de signaler ici fut ajoutée à celles qui précèdent, pour garantir le payement des dettes que la Compagnie avait pu contracter pour l'exécution de ses travaux, avant sa déchéance. Cette disposition est ainsi conçue :

« Art. 2. La Compagnie du canal des Alpines est tenue, à peine de déchéance, de solder, dans le délai « de quatre mois, toutes les dettes *liquides et exigibles*, *antérieurement contractées pour l'exécution des travaux*, telles que *frais d'études*, *acquisitions de terrains*, *sommes dues aux entrepreneurs*, etc. — A cet effet, « il sera ouvert, à l'expiration de ce délai, dans chaque commune intéressée, une enquête de huit jours, « pendant laquelle un registre sera déposé à la mairie, afin de recevoir, s'il y a lieu, les réclamations « des créanciers non payés. — Dans ce cas, ces derniers devront indiquer les titres sur lesquels sont fondées leurs créances. Le résultat de cette enquête sera immédiatement adressé au ministre des travaux « publics, pour être statué par lui ce qu'il appartiendra. »

(1) Voir le texte entier de ce décret dans notre *Collect. de tit. offic.*, p. 38.

Les conditions auxquelles l'administration entendait relever la Compagnie de sa déchéance étant ainsi déterminées, le décret porta en outre ce qui suit :

« Art. 16. Le représentant de la Compagnie aura un délai de *trois mois*, à partir de la notification des « dispositions résultant du présent décret, pour s'entendre avec ses mandants et *pour déclarer devant le « préfet des Bouches-du-Rhône que la Compagnie s'engage à remplir les nouvelles conditions qui y sont prescrites.*

« *Les délais stipulés dans les articles* 2, 3, 4, 6, 7 *et* 10 *ne courront qu'à dater de ladite déclaration.*

« A défaut par la Compagnie de faire cette déclaration dans le délai stipulé ci-dessus, la déchéance « sera prononcée contre elle par application des ordonnances des 11 avril 1839 et 13 décembre 1845. »

Mais la Compagnie, qui vraisemblablement aurait désiré reprendre, à ces conditions, l'œuvre inachevée de son canal, fut condamnée, par les circonstances mêmes qui avaient amené en 1848 sa décomposition, à ne pouvoir se reconstituer en temps utile. La crise financière durait toujours. L'expérience qui venait d'être faite était si peu propre, d'ailleurs, à encourager les capitalistes anglais à envoyer de nouveaux fonds dans le midi de la France pour accomplir une œuvre si ingrate, que le désastre produit par la décision de déchéance fut impossible à réparer.

En conséquence, le nouveau cautionnement ne fut point versé. La déclaration réclamée comme nécessaire pour engager la Compagnie à remplir les conditions du décret ne fut point faite. Le décret resta comme non avenu.

Dans cette situation, la Compagnie continua d'être dépossédée de sa concession et de la jouissance des portions exécutées du Canal. L'administration départementale continua de pourvoir chaque année au service des arrosages, suivant les formes provisoires dont la base avait été posée par l'arrêté du 11 mars 1851.

En 1852 et en 1853, des arrêtés semblables furent rendus et affichés dans toutes les communes, pour organiser sur la même base le service, qui se fit par les soins et sous la responsabilité des propriétaires arrosants, constitués encore en syndicat. La perception des revenus eut lieu de la même manière ; la Compagnie déchue ne cessa point d'y rester étrangère, et les dispositions relatives à la liquidation particulière des exercices 1849 et 1850 furent annuellement reproduites dans les arrêtés du préfet, pour constater invariablement que les dettes afférentes à ces exercices étaient *à la charge des propriétaires qui pendant la même période avaient joui des eaux.*

Mais il fallait enfin que l'administration mît un terme à ce régime provisoire ; il fallait qu'elle s'affranchît de toutes ces entraves, pour être en mesure de pourvoir à l'achèvement des travaux. A cet effet, elle ne songea plus qu'à faire rejeter par le Conseil d'Etat le pourvoi formé par la Compagnie contre la décision de déchéance de 1848, et à faire de l'achèvement de l'entreprise l'objet d'une adjudication nouvelle.

La Compagnie anglaise, de son côté, se réfugia dans la défense de ce qu'elle appelait son droit, en soutenant l'illégalité des motifs sur lesquels avait été fondée cette décision.

La décision portait, comme nous l'avons déjà dit, que le terme accordé pour l'achèvement des travaux expirait *le 9 octobre* **1847**, tandis qu'il n'expirait réellement que le 9 octobre 1848. La déchéance était motivée sur l'*abandon des travaux* qui serait remonté à cette première époque, laquelle était, aux yeux de l'administration, celle à laquelle ils devaient être terminés. La Compagnie se prévalait de cette double erreur pour soutenir que cette décision était entachée de nullité, ajoutant qu'elle était victime d'un fait révolutionnaire, provoqué peut-être par ceux-là mêmes qui espéraient se faire attribuer des droits sur le canal, en se disant ses créanciers.

Il est à remarquer que, dans tout cela, il n'est nullement question du défaut d'accomplissement des conditions du décret du **31** juillet **1851**. Le ministre lui-même exposait au Conseil d'État que *ce décret n'avait pas été accepté par la Compagnie, et que dès lors il devait être considéré comme s'il n'était pas intervenu.*

L'arrêt du Conseil d'État fut rendu dans les termes suivants :

« Vu la requête sommaire et le mémoire ampliatif présentés pour...... la Société connue sous la déno-
« mination de Compagnie du Canal des Alpines et sous la raison Rathbone, Ewart, Hall et Ce, ladite re-
« quête et ledit mémoire enregistrés au secrétariat du contentieux les 30 décembre 1848 et 24 avril 1849,
« et *tendant à ce qu'il nous plaise annuler une décision du ministre des travaux publics, en date du 17 août 1848,*
« *par laquelle il a prononcé la déchéance de la susdite Compagnie;*

« Considérant...., que, si la décision du ministre des travaux publics en date du 17 août 1848 fixe au
« 9 octobre 1847 l'expiration du délai accordé à la Compagnie pour l'achèvement des travaux, cette énon-
« ciation inexacte ne saurait être une cause de nullité de la décision dont il s'agit, par laquelle le minis-
« tre applique à la Compagnie la déchéance prévue par l'article 3 de l'ordonnance du 13 décembre 1845,
« et motivée sur l'*interruption des travaux*; que, par un arrêté en date du 7 janvier 1847, le préfet des
« Bouches-du-Rhône a mis la Compagnie en demeure d'activer ses travaux, à peine de déchéance en
« cas de ralentissement ou de suspension desdits travaux; qu'il résulte de l'instruction que, malgré cette
« mise en demeure et les avertissements réitérés des agents de l'administration, les travaux étaient in-
« terrompus au 31 juillet 1847, et qu'à *la date de la décision attaquée*, ils étaient depuis plusieurs mois
« complètement abandonnés; que dès lors c'est avec raison que le ministre des travaux publics a pro-
« noncé la déchéance de la Compagnie concessionnaire, et déclaré acquis au Trésor le cautionnement de
« 100,000 francs déposé par elle à la caisse des dépôts et consignations :

« *La requête de ladite Compagnie du canal des Alpines est rejetée* (1). »

Dans ces termes, il est constant que l'arrêt du Conseil d'Etat, promulgué comme décret impérial le **2** juin **1853**, ne constitue point l'acte en vertu duquel a été prononcée la déchéance, mais confirme purement et simplement la *déchéance prononcée en* **1848**. Il est constant que, depuis **1848**, la Compagnie avait été exclue de la possession du canal, du service des arrosages et de la faculté d'exécuter des travaux; qu'enfin, par voie de conséquence, aucun des faits appartenant à cette période ne peut engager la responsabilité de la Compagnie déchue, ni vis-à-vis de l'administration, ni vis-à-vis de l'OEuvre générale, ni vis-à-vis des tiers.

(1) Voir la reproduction intégrale du texte dans notre *Coll. de Titres off.*, p. 41 et 42.

NEUVIÈME ET DERNIÈRE PÉRIODE

NOUVELLE CONCESSION DE L'ENTREPRISE. — NOUVELLE COMPAGNIE. — NOUVELLES DIFFICULTÉS. QUESTIONS DÉFÉRÉES AU CONSEIL D'ÉTAT.

Le 27 janvier 1854, il intervient un arrêté destiné à pourvoir au service des arrosages pour 1854 sous une forme plus provisoire encore que celle qui avait été adoptée pour les exercices précédents. Les dispositions substantielles de cet arrêté sont les suivantes :

« Vu la décision ministérielle du 17 août 1848, *qui prononce la déchéance* de la Compagnie concessionnaire de la branche septentrionale du Canal des Alpines;

« Vu le décret du 2 juin 1853, *qui confirme ladite décision;*

« Vu la dépêche ministérielle du 5 septembre 1853, concernant les mesures à prendre pour livrer *à nouveau* la concession de la branche septentrionale et des divers rameaux qui s'y rattachent;

« Considérant qu'en l'état du décret précité, la Compagnie est définitivement déchue de tous droits, et que, d'autre part, une *nouvelle concession* n'a pu encore être accordée;

« Considérant qu'en attendant l'issue des démarches faites et des formalités à remplir pour une *nouvelle concession*, il importe de prendre les mesures nécessaires, soit pour la conservation du Canal, soit pour la continuation des arrosages provisoires, autorisés par nos prédécesseurs, pour les années 1849, 1850, 1851, 1852 et 1853,

« Arrêtons :

« Art. 1er. M. l'ingénieur en chef du département, et sous ses ordres M. l'ingénieur ordinaire du service hydraulique, sont chargés de la *conservation* de la branche septentrionale du Canal des Alpines, *de ses francs-bords* et de ses ouvrages d'art, *dans toutes ses parties achevées ou non achevées....*

« Art. 7. Les arrosages autorisés à titre provisoire pour les années antérieures, sur les parties achevées du Canal, continueront en 1854.

« Art. 22. Sont maintenues les dispositions de l'arrêté préfectoral du 1er février 1853, relatives à la liquidation des arrosages de 1849 et 1850, ainsi qu'à la liquidation des opérations des syndicats des arrosages provisoires de 1851, 1852 et 1853.

« Art. 23. *Le présent arrêté cessera d'avoir son effet, le jour où une nouvelle Compagnie aura été mise en possession du Canal.* »

On voit que l'Administration entend concéder *à nouveau* le Canal, et qu'une *Compagnie nouvelle* est en instance pour obtenir la concession. C'est de nous, en effet, que l'Administration avait reçu des propositions, et ce sont nos propositions qui avaient donné lieu à la dépêche ministérielle du 5 septembre, mentionnée dans l'arrêté.

Or, aux yeux de l'Administration, il ne s'agissait pas seulement de donner satisfaction à un intérêt général ; il importait de ne violer aucun principe d'équité ; et des considérations de cette nature militaient en faveur de la soumission que nous avions présentée :

1° Nous avions acquis les droits de tous les créanciers ayant inscription sur le Canal. — Ceux-ci prenaient des actions de notre Compagnie en échange de leur créance hypothécaire qui nous était transférée.

2° Nous avions acquis les droits des anciens concessionnaires, ou pour mieux dire nous avions obtenu d'eux leur expresse adhésion à ce que le Gouvernement nous conférât la concession nouvelle. Leur principal avantage résidait dans l'extinction de la créance hypothécaire, qui aurait laissé subsister contre eux l'action personnelle des parties intéressées.

3° Nous avions acquis le concours de nouveaux capitalistes qui s'engageaient à fournir les fonds nécessaires pour l'achèvement des travaux.

4° Enfin, nous nous obligions personnellement, d'une part, à verser le nouveau cautionnement exigé de 100,000 fr., et d'autre part, à faire l'avance du premier douzième des travaux, représentant une valeur de 125,000 fr. sur le prix total de 1,500,000 fr., fixé à forfait pour leur achèvement (1).

Tous ces faits reposaient sur des bases certaines, et engageaient la responsabilité d'hommes que leurs antécédents signalaient à la confiance de l'Administration.

C'est dans ces conditions que la nouvelle concession nous fut accordée par décret impérial du 14 juin 1854.

Ce décret rappelle tout d'abord la série des actes jusque-là intervenus : la loi du 7 juin 1826, qui autorise le Gouvernement à concéder les travaux ; l'ordonnance du 11 avril 1839, qui prononce leur mise en adjudication ; l'ordonnance du 13 décembre 1845, qui proroge les délais ; la décision du 17 août 1848, *qui prononce la déchéance ;* le décret du 31 juillet 1851, *qui divise l'entreprise en deux concessions ;* le décret rendu en Conseil d'État, du 2 juin 1853, *qui confirme définitivement la déchéance prononcée le 17 août 1848.* — Il mentionne ensuite notre demande, avec les pièces à l'appui ; les rapports d'ingénieurs, du 18 novembre et du 18 décembre 1853, auxquels cette demande avait donné lieu, ainsi que les propositions formulées dans le même sens par M. le Préfet des Bouches-du-Rhône, le 22 et le 25 janvier 1854 ; enfin, le cahier des charges que nous avions signé nous-mêmes le 15 avril suivant, sur le vu de toutes ces pièces, et qui n'est autre que le texte du décret de concession qui avait été soumis à notre acceptation préalable.

Par ce décret de concession nouvelle, les titres administratifs des concessions antérieures, tels qu'ils sont rappelés ci-dessus, nous deviennent applicables. Il est stipulé que les nouveaux délais d'exécution courront à partir de la date du décret ; que « la *nouvelle Compagnie* (art. 8) recevra des mains, soit du syndicat provisoire, soit des agents chargés de l'administration provisoire du Canal, *la suite des anciennes concessions,* et qu'elle en donnera bonne et valable quittance, *au vu des comptes dûment vérifiés et arrêtés* » ; que si nous achevons les travaux dans un mini-

(1) Dans un rapport du 31 octobre 1848, M. de Montricher avait fixé à 1,755,000 fr. la somme nécessaire pour terminer les travaux.

mum de délai déterminé pour chacune des deux branches dont se compose l'ensemble de la concession, « le cautionnement primitif de 100,000 fr. versé par la Compagnie déchue, *et qui appartient à l'Etat en vertu de la décision ministérielle du 17 août 1848, confirmée par décret impérial du 2 juin 1853*, nous sera attribué à titre de prime d'encouragement et de subvention » ; que, relativement au nouveau cautionnement à fournir, ainsi qu'aux conditions d'exécution des travaux, nous nous conformerons simplement aux titres antérieurs, mais que, dans tous les cas, « la Compagnie aura la faculté de proposer les modifications aux projets qu'elle pourra juger utiles », étant bien entendu que ces modifications ne devront être exécutées que sur l'autorisation de l'Administration.

Cette dernière disposition (qui n'avait point été insérée dans les ordonnances et décrets antérieurs) était justifiée par cette circonstance, que MM. les ingénieurs et M. le Préfet du département, dans leurs rapports mentionnés ci-dessus et visés au préambule du décret, avaient signalé des changements notables à apporter au projet des travaux précédemment dressé par les agents de la Compagnie anglaise. Ils avaient même demandé que ces changements fussent prescrits comme condition expresse de la nouvelle concession, déclarant formellement que « *les modifications profondes qui devaient être apportées à l'exécution des travaux ne permettaient plus de se baser sur le décret de 1851* ».

Cette partie fondamentale des conclusions de MM. les ingénieurs est digne de la plus sérieuse attention, car c'est surtout sous l'empire des notions qu'elles fournissaient que la nouvelle concession a été donnée et acceptée.

Les modifications qu'ils voulaient nous prescrire portaient particulièrement sur les deux points suivants :

« 1° En ce qui touche la première branche septentrionale du Canal des Alpines (disait M. de Gabriac, « dont les propositions étaient appuyées par M. de Montricher et par M. le préfet lui-même), *il convient « de diminuer l'importance des canaux secondaires dirigés sur Noves et sur Châteaurenard, et de supprimer la « branche de Saint-Gabriel à Lansac.*

« La Compagnie sera FORCÉE *d'user directement ou indirectement des roubines ou canaux de vidanges pour le « passage ou l'écoulage de ses eaux.* Il y a là des questions très graves que l'ordonnance de 1839 avait pré- « vues en principe dans l'article 12, et que l'Administration devra se réserver le droit de régler, *de la « même manière qu'elle aurait dû le faire, d'après l'article 6 de cette ordonnance, pour le cas où le nouveau Canal « emprunterait la partie du Canal des Alpines ouverte entre la Durance et le pont Donneau* (1). »

2° En ce qui touche la deuxième branche, ou la branche de Rognonas, les conclusions de l'Administration départementale tendaient également à *forcer* la nouvelle Compagnie à adopter un nouveau système de prise d'eau. Au lieu de construire la prise destinée à l'alimentation de cette branche, à l'emplacement qui avait été désigné sur le territoire de Rognonas, la Compagnie devait dériver les cinq mètres cubes d'eau de la seconde concession par la prise existante du Canal de Châteaurenard.

(1) Rapport du 18 novembre 1853 (pages 15 et suivantes), par lequel M. de Gabriac se réfère à un autre rapport de lui, sur la même matière, en date du 17 janvier 1852. — Rapport conforme de M. de Montricher, du 28 décembre 1853. — Proposition conforme de M. de Crèvecœur, préfet des Bouches-du-Rhône, du 22 janvier 1854, art. 6 et suiv.

Il y a toujours avantage, en effet, à grouper le plus grand nombre possible d'intérêts sur le même point, où il peut être nécessaire de surmonter en commun des difficultés imprévues, surtout quand ces difficultés peuvent naître des variations si redoutables du cours de la Durance. Dans ce cas l'Administration prévoyait la nécessité d'un règlement ultérieur des droits propres aux intéressés du canal de Châteaurenard et de ceux de la Compagnie.

La Compagnie savait donc, en prenant la concession, qu'elle devait *apporter des modifications profondes à l'exécution des travaux prévus par le décret de* 1851. Elle savait que, parmi ces modifications, les principales consistaient 1° à emprunter les fossés de desséchement ou les canaux de vidange existant dans le pays, pour l'écoulage de ses eaux; 2° à dériver le contingent attribué à sa seconde branche, par la prise du canal de Châteaurenard.

Respectant ces conditions, qui, indépendamment des motifs d'intérêt général qui s'y rattachaient, constituaient un avantage pour la Compagnie elle-même, voici ce que nous écrivions *avant la concession*, dès le 24 janvier 1854, à M. le Préfet des Bouches-du-Rhône :

« Lorsque j'entrepris l'organisation de la Compagnie nouvelle, pour mener à bonne fin l'OEuvre du « Canal des Alpines, ma première préoccupation fut d'obtenir certains changements aux conditions d'exé- « cution posées dans les ordonnances du 11 avril 1839, du 13 décembre 1845 et du décret du 31 juillet « 1851. Ces changements d'intérêt général devaient surtout, dans ma pensée, avoir pour objet la substi- « tution de la prise du canal de Châteaurenard au projet de prise à créer dans la commune de Rognonas, « et la suppression des travaux à construire de Saint-Gabriel à Lansac, au moyen du déversement des « eaux de la branche de Saint-Gabriel dans le Vigueirat. Ces deux modifications utiles m'avaient été sug- « gérées par MM. les ingénieurs eux-mêmes, etc. »

C'est donc spécialement pour nous permettre d'exécuter ces modifications utiles (qu'on voulait même rendre obligatoires pour nous), que notre acte de concession exprimait la réserve des changements à apporter aux projets antérieurs.

Cela posé, toutes les conditions du décret faisaient l'objet d'un contrat synallagmatique. Nous en avions d'abord discuté le projet, puis accepté le texte définitif. Nous avions versé, le 10 juin, la première moitié du nouveau cautionnement, en nous mettant en mesure de verser la seconde moitié dans le délai prescrit. Tous nos fonds étaient prêts, et nous ne restions en deçà d'aucune de nos obligations. Dès que le décret fut soumis à la signature de l'Empereur, nous demandâmes à M. le Préfet des Bouches-du-Rhône, par une lettre du 12 juin, l'application immédiate de l'article 8, ordonnant qu'il nous fût fait remise de *la suite des anciennes concessions*, à charge d'en donner quittance, *au vu des comptes dûment vérifiés et arrêtés.*

La suite des anciennes concessions, c'était la possession même du Canal dans ses conditions antérieures, telle qu'elle avait fait l'objet, notamment, du procès-verbal de remise et d'entrée en jouissance du 30 décembre 1841 (1).

(1) Lorsque la Compagnie de desséchement avait vendu à la Compagnie anglaise la concession et les travaux exécutés du Canal des Alpines, par acte du 29 novembre 1845, cet acte, reçu par Me Cahouet, notaire à Paris, portait :

« *Établissement de propriété.* — La Compagnie générale de desséchement est propriétaire du Canal des

Nous succédions à la chose, non à la personne des concessionnaires déchus; et les publications légales, faites le 31 août 1854, disaient sur quelle base notre Société s'était constituée :

« La concession obtenue, était-il dit, a été accordée à la Société V. Courtet et compagnie, par décret « du 14 juin 1854, *à titre de concession nouvelle et par suite de la déchéance prononcée contre les concessionnaires « antérieurs.* »

Le 31 août, demandant de nouveau à M. le Préfet notre mise en possession, nous lui écrivions :

« Je viens dès aujourd'hui vous supplier de remarquer qu'aucune espèce de solidarité n'existe entre la « Compagnie nouvelle et la Compagnie ancienne, et que mes antécédents n'ont rien de commun avec « ceux des représentants de cette dernière Compagnie; de sorte qu'au début de cette Œuvre, j'espère que « l'Administration voudra bien ne point faire rejaillir sur moi, et sur les intérêts que je représente, la « défaveur qui s'attachait aux faits et gestes des concessionnaires déchus. »

Ces paroles accusaient nettement, trop nettement peut-être, la situation que nous prenions. Mais, tandis que les représentants de la Compagnie déchue se posaient comme créanciers, et invoquaient contre nous l'application de l'article 2 du décret du 31 juillet 1851, nous pensions que l'Administration départementale, n'ajoutant aucune foi à leurs prétentions, et dominée au contraire par le souvenir des mécomptes qui étaient résultés pour l'intérêt public des précédents de cette affaire, ne pouvait qu'accueillir favorablement l'assurance d'une scission entre eux et nous, que nous déclarions si complète.

M. le Préfet nous écrivit le 2 septembre :

« Je crois devoir vous rappeler qu'aux termes des décrets des 31 juillet 1851 (art. 2) et 14 juin 1854 « (art. 3), la Compagnie est tenue, à peine de déchéance, de solder dans le délai de quatre mois toutes « les dettes liquides et exigibles antérieurement contractées pour l'exécution des travaux, telles que frais « d'études, acquisitions de terrains, sommes dues aux entrepreneurs, etc. Or, plus d'un mois s'étant « écoulé déjà depuis la notification du décret de concession, la Compagnie n'a pas de temps à perdre pour « l'exécution de cette prescription.... »

Notre préoccupation principale, quant à nous, était d'abord d'entrer en possession du Canal, pour en reprendre les travaux dans le plus bref délai possible. A cet effet nous ne

« Alpines au moyen de l'adjudication qui en a été prononcée à son profit, suivant procès-verbal dressé « par M. le Préfet du département des Bouches-du-Rhône en conseil de préfecture, le 20 juin 1839, et « approuvée par décision de M. le Ministre des travaux publics en date du 9 juillet de la même année : le « tout en exécution de la loi du 21 juin 1826 et de l'ordonnance royale du 11 avril 1839. — *La Compagnie « générale de dessèchement a été mise en possession des biens à elle adjugés, suivant un procès-verbal en date du « 30 décembre* 1841, dressé par M. le sous-préfet de l'arrondissement d'Arles, délégué à cet effet par M. le « Préfet du département des Bouches-du-Rhône. »

Il n'est pas venu à l'esprit de la Compagnie d'invoquer comme son titre à la possession du Canal le prétendu arrangement passé avec l'Œuvre générale, suivant délibération du 12 octobre 1839. C'est de l'État seul qu'elle déclarait tenir ses droits de propriété et de possession.

cessions de réclamer l'exécution de l'article 8, et nous répondîmes à M. le Préfet, le 18 septembre :

« Cette formalité n'ayant pu être remplie au gré de mon impatience, j'ai l'honneur de vous renouveler « la même demande, en vous priant instamment d'y accéder.

« La disposition qui fait courir les délais d'exécution contre la Compagnie *à compter de la date même du* « *décret*, impliquant nécessairement l'investiture de la Compagnie *à compter de la même date*, il semble que « de l'ajournement de cette investiture résulte l'ajournement rationnel et légal du point de départ des dé- « lais.... Je vous prie, d'ailleurs, de remarquer que la Compagnie nouvelle n'est nullement en retard « dans l'accomplissement d'aucune de ses obligations ; que je tiens à ma disposition tous les capitaux né- « cessaires pour les remplir dans toute leur étendue ; qu'aucune dette *liquide et exigible* dont le payement « puisse incomber à la Compagnie nouvelle ne m'a été notifiée ; que c'est la Compagnie elle-même qui « est titulaire, par voie de subrogation régulière, *de tous les privilèges et inscriptions hypothécaires grevant la* « *propriété du Canal* par suite des travaux antérieurement exécutés, et qu'enfin l'Administration est armée « des pouvoirs et des droits les plus considérables pour le cas où je resterais en deçà des conditions fixées « par la nouvelle concession. »

Sur ce, deux arrêtés furent immédiatement rendus. Ils sont à la date commune du 20 septembre 1854, et furent simultanément affichés dans toutes les localités intéressées.

Le premier, intitulé *Envoi en possession de la nouvelle Compagnie concessionnaire*, porte que nous recevrons des mains des ingénieurs de l'Etat chargés de l'Administration provisoire du Canal, *la suite des anciennes concessions*, comprenant notamment *la branche nord, anciennement exécutée par l'Etat depuis le pont Donneau jusqu'à la sortie du percé d'Orgon, ainsi que toutes ses dépendances* (1).

Le second, intitulé *Payement par la nouvelle Compagnie des dettes antérieurement contractées pour l'exécution des travaux*, prescrit l'ouverture de l'enquête prévue par l'article 2 du décret du 31 juillet 1851, *pour recevoir, s'il y a lieu, les réclamations des créanciers non payés.*

Ces deux arrêtés constituent deux points de départ d'où procèdent pour nous deux séries de difficultés. Nous allons, sur la question de mise en possession et sur la question des dettes, exposer successivement les incidents qui se produisent. On y verra une chaîne non interrompue d'actes d'hostilité de la part des représentants de la branche méridionale, qui, incessamment poussés par cet instinct de rivalité que nous avons vu se manifester depuis la création même de leur branche, s'efforcent jusqu'au bout d'apporter des entraves à l'achèvement de notre œuvre.

Les termes du décret de concession, combinés avec l'article 23 de l'arrêté préfectoral du 27 janvier 1854, ne comportaient aucun retard dans l'accomplissement des formalités relatives à notre mise en possession. Néanmoins ce n'est que le 8 octobre, c'est-à-dire après que la saison des arrosages est passée, qu'il est question de remplir ces formalités. Un procès-verbal rédigé, à cette date, par l'ingénieur du service hydraulique, M. de Gabriac, constate la remise qui

(1) Le texte entier de l'arrêté d'*envoi en possession* est la dernière pièce insérée dans notre *Collect. de Tit. offic.*

nous est faite de quelques objets mobiliers (tels que clefs de martellières et cadenas) dépendant seulement de la dernière partie des travaux exécutés par les Compagnies, mais à l'exclusion de ceux dépendant de la partie anciennement construite, ayant fait l'objet de l'abandon stipulé par l'État.

Nous n'acceptons, quant à nous, cette remise qu'à titre de *possession partielle*, et nous déclarons expressément, dans le récépissé qui nous est demandé, que

« Nous ne nous considérons point comme investi de *la suite des anciennes concessions*, tant que nous ne « recevons pas l'administration de la portion du Canal anciennement exécutée, depuis le pont Donneau « jusqu'à la sortie du percé d'Orgon, ainsi que les terrains et bâtiments qui en dépendent, aux termes de « la loi du 7 juin 1826 et de l'ordonnance du 17 mai 1839. »

Mais le syndic de l'OEuvre générale refuse obstinément toute remise des objets dépendant de cette partie du Canal; notamment il défend à ses agents de se dessaisir des clefs des martellières et de celles d'un petit bâtiment, dit *Pavillon de Charles*, qui étaient antérieurement en la possession de la Compagnie déchue.

Nous signalons à M. le Préfet cette violation flagrante de nos droits, dans une lettre du 17 octobre qui conclut comme suit :

« Je vous prie d'observer, Monsieur le Préfet, que ce n'est point à moi que cette résistance est opposée, « car ce n'est pas à l'OEuvre générale que j'ai demandé ma mise en possession, mais au représentant de « l'Etat chargé de faire exécuter la loi et le décret. — En conséquence, j'ai l'honneur de vous exposer « que jusqu'à ce jour l'article 8 du décret du 14 juin 1854 et l'article 1ᵉʳ de votre arrêté du 20 septembre « n'ont point reçu leur exécution, et que *ce défaut d'exécution ou cet ajournement me paraît de nature à entraîner l'ajournement légal du point de départ des délais imposés à la Compagnie concessionnaire.*

« J'ajoute néanmoins que j'ai mis la plus grande hâte à faire commencer les travaux partout où j'en ai « eu la faculté.

« Veuillez donc, je vous prie, porter votre attention sur ces faits, et faire vider au plus tôt l'incident « que j'ai l'honneur de vous signaler.

« Je demande que la Compagnie concessionnaire, chargée de remplir tous les engagements de l'État « vis-à-vis des anciens abonnataires, reçoive sans restriction : 1° le bénéfice de toutes les dispositions de « la loi de 1826 et de l'ordonnance de 1839; 2° la note précise des engagements de l'État envers ces an- « ciens abonnataires; 3° les clefs de toutes les martellières ouvertes sur la branche septentrionale; 4° les « actes d'amodiation et la jouissance immédiate des revenus amodiés des *terrains* et les clefs des *bâti- « ments* qui ensemble sont désignés comme faisant partie de la concession. »

Mais nos réclamations, en attendant, restent comme non avenues. Des débats s'engagent sur les prétentions de l'OEuvre générale, qui provisoirement sont considérées par MM. les ingénieurs comme fondées. Nous ne sommes point mis en possession de la partie fondamentale de notre concession, et d'autres troubles, bien plus graves encore, nous sont au même instant suscités.

D'un côté, nous sommes assailli par un conducteur des ponts et chaussées, se disant créancier de l'ancienne Compagnie, et se portant à des voies de fait contre nous, au moment où il est invité à se dessaisir en notre faveur des objets dépendant des parties neuves du Canal.

D'un autre côté, l'OEuvre générale, au lieu d'obéir aux prescriptions de l'arrêté d'envoi en possession, nous oppose des demandes d'argent.

Voici comment sont formulées ces demandes sur le registre d'enquête de la commune d'Orgon :

« *Réclamant :* M. Donneau, Paul Benedict, à Mallemort. — *Somme réclamée :* 34,128 fr. 40 c. — *Objet de* « *la réclamation :* Fourniture de dix moulans d'eau. — Cette somme, y est-il dit, est due *pour la rente des* « *eaux depuis* 1849 *jusqu'en* 1852 *inclusivement*... Elle est indépendante de celle due par le syndicat institué « par arrêté de M. le Préfet, du 1er février 1853, pour les arrosages de ladite année, etc. »

Nous n'avions pu, jusque-là, nous mettre en mesure d'apprécier à leur juste valeur toutes ces prétentions; mais quel que fût notre étonnement de les voir ainsi se produire, nous étions animé du plus sincère désir de tout concilier. L'état de nos ressources nous mettait d'ailleurs au-dessus de toute pensée de chicane. Certainement nous n'aurions point fourni personnellement à l'État un cautionnement de 100,000 fr., si nous avions été dans l'impuissance d'aborder une affaire hérissée de tant de difficultés. Le 9 septembre 1854, il avait été effectué à notre crédit, chez MM. de Rothschild frères, un premier versement de 763,200 fr., et nous étions pleinement en mesure de faire droit à toutes les légitimes demandes.

Indépendamment de la somme de 34,128 fr. 40 c. qu'il prétend lui être due par l'ancienne Compagnie, M. Donneau désire notre garantie pour le payement d'un arriéré de 2,247 fr. qu'il réclame du syndicat de 1853. Nous lui donnons avec empressement cette garantie, par lettre du 6 octobre, en le priant de continuer l'alimentation du Canal jusqu'à nouvel avis :

« .... Je n'ai pu jusqu'ici apprécier cette dette; et je fais toute réserve sur les questions de fait et de « principe qui peuvent se rattacher à nos rapports ultérieurs. Mais en témoignage de mon sincère désir de « procéder honorablement à l'ouverture de ces rapports, je n'hésite point à obliger la nouvelle Compagnie « à vous faire payer, *sur le produit des rôles de* 1854, aussitôt qu'ils seront recouvrés, ce qui peut vous être « dû par ledit syndicat pour l'eau que vous lui avez fournie. »

M. Donneau nous répond le même jour :

« J'ai l'honneur de vous accuser réception de votre lettre de ce jour, par laquelle vous me faites de- « mande de la quantité d'eau fournie cette année, pour continuer à en jouir jusqu'à nouvel avis. Je crois « pouvoir accéder à votre demande, en vertu de l'assurance que vous me donnez que le *déficit laissé par le* « *syndicat de* 1853 *sera payé sur le produit des rôles de l'exercice* 1854. »

Après la reproduction de ces textes, il ne nous reste qu'une chose à dire, c'est que le déficit dont il s'agit ici a été soldé effectivement, *sur les produits de* 1854, par l'administration provisoire chargée des dépenses de cet exercice.

Nous devons, dès lors, écarter du débat relatif à nos rapports avec l'OEuvre générale tout ce qui peut concerner cette promesse, faite par exception et sous toutes réserves pour le compte du syndicat et à laquelle il a été régulièrement satisfait.

Reste seulement la question des 34,128 fr. 40 c. qu'on nous réclame directement.

Une action est introduite à ce sujet devant le tribunal de Tarascon. Le Préfet élève un conflit ; le tribunal se déclare incompétent.

Voilà, sur tous les points, comment sont accueillis nos premiers pas, dans un pays où nous venons réaliser (suivant une expression du conseil municipal de Tarascon) *l'œuvre capitale de l'arrondissement.* Tandis que, de toutes parts, on s'oppose à notre entrée en possession, de toutes parts on nous assiége en nous disant : « Payez ! » Nous aurions pu croire, en vérité, qu'on n'attendait de nous que notre argent et qu'on se jouait de notre OEuvre.

Les registres d'enquête ouverts dans toutes les communes se couvrent de deux cent quatre-vingt-seize réclamations. Le chiffre des dettes ou des prétendues dettes qui se produisent ainsi s'élève à 572,030 fr. 08 c.

En présence de ces faits, nous nous demandons ce que peuvent valoir les travaux exécutés par les Compagnies, puisque les sommes indiquées comme restant dues sur ces mêmes travaux s'élèvent à un chiffre semblable ! Nous trouvons la réponse à cette question dans un rapport d'estimation de M. de Montricher, du 20 août 1852, portant à 465,000 fr. seulement la valeur intégrale de tous les ouvrages exécutés et de tous les terrains acquis par les Compagnies. — Nous nous demandons encore si par hasard ces mêmes travaux auraient été entrepris et exécutés sans argent, puisque la somme des prétendues dettes contractées pour leur exécution excède leur valeur ? Nous trouvons la réponse à cette seconde question dans l'état des inscriptions hypothécaires constatant que la Compagnie de desséchement a contracté, pour l'exécution de cette entreprise, un emprunt de 1,400,000 fr., sur lequel 832,000 fr. ont été réellement dépensés pour les travaux ; nous la trouvons dans les comptes de la Compagnie anglaise, constatant un complément de déboursés de 1,050,000 fr. ; et alors nous nous demandons : Comment peut-il se faire que des travaux dont la valeur réelle est de 465,000 fr. aient coûté, en dépenses réelles, 1,882,000 fr. et qu'il reste dû sur ces mêmes travaux une somme de 572,030 fr. 08 c. !....

Le principal élément dont se composait le total de ces prétendues dettes était une réclamation de l'ancien entrepreneur, qui demandait 272,713 fr., et de divers autres agents qui, ayant tous reçu des salaires considérables, se disaient créanciers de sommes plus considérables encore. C'est ainsi que les études et la surveillance des travaux, à raison desquels le conducteur des ponts et chaussées dont nous avons parlé ci-dessus réclamait un solde de 40,296 fr. 83 c., avaient déjà été payées au prix de 43,740 fr. 74 c., ce qui (abstraction faite de la responsabilité qui ne cessait de lui incomber pour les malfaçons constatées) représentait déjà le double du prix maximum tarifé par la loi.

Nous déposons, le 7 octobre, contre ce conducteur des ponts et chaussées, une plainte au parquet.

Nous adressons, le 25 novembre, un rapport au ministre, contenant le récit détaillé de tous ces incidents, et nous terminons ce rapport comme suit :

« Je ne crois point avoir besoin de repousser des préventions ; mais si par hasard, à la suite de ces con-
« flits, il pouvait en être autrement, Votre Excellence voudrait bien m'excuser d'invoquer ici les précé-

« dents dont j'ai le droit de m'honorer. — Etranger à toute spéculation privée, je ne me suis voué jusqu'à « ce jour qu'au service *gratuit* de l'intérêt général. C'est à ce titre que j'ai fondé le Canal de l'Isle. C'est à « ce titre que j'ai concouru à amener la réalisation du Canal de Carpentras. C'est à ce titre que j'ai déjà « consacré plus de trois ans aux négociations et travaux préliminaires ayant pour objet la concession du « Canal des Alpines, dont les aspérités auraient certainement découragé une patience moins éprouvée.

« Il ne m'appartient pas de rappeler ici les témoignages éminents qu'il m'a été donné de recueillir à l'oc- « casion de ces actes passés. Mais, après avoir eu le bonheur de me concilier la haute bienveillance de votre « administration, j'ai cru ne pouvoir espérer qu'une tâche facile dans un pays où, après avoir débrouillé « le chaos d'une affaire si compromise, je viens porter des capitaux pour réaliser un bienfait.

« Malheureusement jusqu'ici mon premier pas, celui de mon entrée en possession, n'a été marqué que « par une série de froissements et d'entraves. Mon second pas, celui du commencement des travaux, s'est « accompli comme un acte clandestin. Enfin l'acte important, qui consiste à payer immédiatement toutes « les dettes (je ne dirai pas toutes les dettes *liquides et exigibles*, car il en est très peu qui aient ce caractère, « mais toutes celles qui me paraissent *moralement justifiées*), se réalise en ce moment sans que je sache si, « aux yeux de l'Administration, je satisfais bien ou mal aux charges de la concession.

« Cependant, Monsieur le Ministre, j'ai besoin, dans l'intérêt même de l'OEuvre qui m'est confiée, de « conserver dans toute son intégrité l'ascendant qui s'attache à la position qui m'est faite par un décret « rendu pour cause d'utilité publique; et c'est pour ce motif que je sollicite de Votre Excellence la répres- « sion d'office des voies de fait dont j'ai été l'objet, et dont l'impunité ne pourrait que réagir d'une ma- « nière déplorable sur la mission que, sous votre bienveillant patronage, je me flatte de remplir jusqu'au « bout avec un honorable succès... »

En attendant la solution des questions ainsi soulevées, nous restons sur la brèche, toujours fidèle à l'accomplissement de nos obligations.

En ce qui touche les dettes, nous invitons, par des circulaires individuelles et par des avis insérés dans les journaux de la localité, tous ceux qui ont produit des réclamations dans l'enquête, à nous notifier leurs titres de créance, et en l'absence même de tous titres, nous nous empressons de solder tous ceux qui nous paraissent véritablement créanciers.

En ce qui touche l'entrée en possession si vainement sollicitée, nous adressons à M. le Préfet de nouvelles observations, par lettre du 23 décembre :

« Si vous voulez bien, disons-nous à ce magistrat, consulter les anciens dossiers, vous verrez que, par « procès-verbal du 30 décembre 1841, l'ancienne Compagnie fut appelée à recevoir, à titre de concession « perpétuelle, la portion du Canal des Alpines anciennement exécutée, *pour entrer en jouissance à présent.* « Vous remarquerez surtout que cet acte important fut précédé des incidents suivants :

« La Compagnie adjudicataire ne voulait prendre possession de cette partie du Canal qu'à partir du « jour où seraient approuvés ses projets. — Une note écrite de la main de l'ingénieur en chef, annexée « au dossier de cette affaire, porte ces mots : « La prétention des concessionnaires est mal fondée; ils sont « propriétaires, ou du moins *usufruitiers* des ouvrages déjà faits, et assujettis à toutes les charges atta- « chées à ce titre, non du jour de l'achèvement de leur OEuvre, non du jour de l'approbation de leur « plan, mais *du jour de l'adjudication.* » Et l'ingénieur en chef concluait qu'il fallait les contraindre à « *entrer en jouissance*, pour qu'ils fussent tenus immédiatement, à l'égard de l'Etat, des charges de la con- « cession.

« C'est en conséquence de ces observations qu'un arrêté du 13 mars 1841 prescrivit l'entrée en posses- « sion de l'ancienne Compagnie dans cette partie du Canal. Alors, comme aujourd'hui, l'Œuvre géné-

« rale fit des objections. Elle demanda que la Compagnie ne fût mise en possession qu'après s'être entendue avec elle. Mais M. le Préfet des Bouches-du-Rhône écrivit le 27 mars à M. le sous-préfet d'Arles ce « qui suit (Voir le texte de la dépêche déjà citée ci-dessus, page 56, où cette prétention est repoussée « comme ne pouvant faire obstacle à la remise qui doit être faite en exécution de la loi).

« L'état de la question se reproduit exactement dans les mêmes termes aujourd'hui, avec cette différence « que c'est moi qui soutiens la thèse de l'Administration, et que c'est l'Administration qui m'oppose la « thèse contraire.

« Je me persuade, Monsieur le Préfet, que si votre attention se porte sur ces faits, vous n'hésiterez « point à tenir aujourd'hui le même langage que votre honorable prédécesseur, avec un argument de plus, « avec cet argument irrésistible qui se fonde aujourd'hui sur ce que la Compagnie nouvelle est *bénéficiaire* « *de droit de la décision même intervenue à cette époque*, attendu que l'article 8 du décret du 14 juin 1854 « porte que la Compagnie nouvelle recevra *la suite des anciennes concessions*. »

Le 15 janvier 1855, insistant de nouveau sur le même argument, nous disions encore à M. le Préfet :

« ..... En admettant que la décision intervenue à l'égard de la première Compagnie, suivant les termes « de l'arrêté et des procès-verbaux de 1841, fût entachée d'erreur, *elle n'en serait pas moins devenue actuel-* « *lement obligatoire, comme un bénéfice acquis et concédé à la nouvelle Compagnie*, aux termes de l'article 8 du « décret du 14 juin dernier. »

Enfin, en ce qui touche l'exécution de nos travaux, pendant la période où toutes ces discussions suivaient leur cours, nous y procédions avec toute l'activité possible. Mais l'ancien entrepreneur et les anciens agents (pour exercer encore contre nous, au profit de leurs prétentions de créanciers, un dernier moyen de contrainte) retenaient entre leurs mains les plans, les registres de comptabilité, les dossiers de toutes les affaires relatives aux concessions antérieures. Vainement nous demandions à l'Administration elle-même la communication des *projets à exécuter*. Nous reçûmes de M. le Préfet des Bouches-du-Rhône, le 29 janvier 1855, la dépêche suivante :

« Je suis informé par M. l'ingénieur en chef du département qu'en reprenant les travaux de la branche « de Saint-Gabriel, vous en avez complétement modifié le tracé, sans au préalable avoir fourni les plans « de ces modifications et en avoir obtenu l'approbation. Sur la branche de Noves, où l'ancienne Com- « pagnie n'avait encore rien fait, vous avez également ouvert les travaux, toujours sans production de « plans, et par conséquent sans autorisation.

« L'Administration a le plus grand intérêt à ce que les travaux du Canal des Alpines, si longtemps in- « terrompus, soient repris et poussés avec vigueur, et elle veillera avec soin à ce que la nouvelle Compa- « gnie les exécute dans les délais déterminés par l'acte de concession.

« Mais elle ne saurait se départir du droit de contrôle qu'elle s'est réservé dans l'intérêt de la bonne exé- « cution du Canal.

« Je ne crois pas avoir besoin de vous rappeler qu'une Compagnie concessionnaire d'un ouvrage public « ne peut rien entreprendre sans avoir présenté des plans, qui ne peuvent être exécutés, tous les préala- « bles étant remplis, qu'après l'approbation du Gouvernement. L'acte de concession des Alpines n'a point

« dérogé à cette règle, et il vous suffira de le relire pour vous assurer que vous en avez méconnu l'esprit « et la lettre en procédant ainsi que vous l'avez fait.

« La démonstration que vous avez faite sur Saint-Gabriel et sur Noves ne peut en rien vous dégager de « vos obligations, ni atténuer la portée des clauses comminatoires de l'acte de concession.

« Je vous engage, dans l'intérêt public attaché à la question, et dans l'intérêt aussi de la Compagnie que « vous représentez, à régulariser votre position, et à éviter ainsi les embarras de toute nature qui ont « amené la déchéance de l'ancienne Compagnie. »

Nous répondîmes à M. le Préfet, le 11 février suivant :

« .... Tout en tenant le plus grand compte des nécessité administratives qui exigent que toutes les con- « ditions d'intérêt général soient rigoureusement remplies, je crois pouvoir affirmer qu'aux yeux de « l'Administration elle-même, une Compagnie qui apporte des capitaux au service d'une Œuvre si long- « temps frappée de stérilité, est pour l'intérêt général un auxiliaire digne de considération, et que la sollici- « tude administrative, qui veille à l'accomplissement de ses obligations, semble appelée avec non moins « de justice à la faire jouir de ses droits. — Or, le premier droit de la Compagnie concessionnaire est d'être « mise en possession et jouissance du Canal et des biens qui lui sont concédés. Cette condition première « n'ayant point encore été remplie, malgré toutes ses instances, vous ne pourrez méconnaître, Monsieur « le Préfet, que les retards apportés dans l'accomplissement de cette condition ne soient de nature à en- « traîner une prorogation proportionnelle des délais fixés pour l'accomplissement des conditions à sa « charge.

« Néanmoins, comme l'article 2 du décret du 30 juillet 1851 (dont les dispositions applicables à l'an- « cienne Compagnie n'avaient point été conçues en vue d'une Compagnie nouvelle) porte que « *la dé- « chéance sera encourue de plein droit si les travaux ne sont pas repris dans le délai de quatre mois* », je me suis « empressé de satisfaire à cette pressante injonction. Mais vous savez que la Compagnie nouvelle n'a ja- « mais pu obtenir la remise des projets exécutés par la Compagnie ancienne, et qu'en vain elle a fait les « plus grands efforts pour que ces projets lui fussent livrés par les anciens agents.... Ceux-ci veulent tirer « de leur prétendue qualité de créanciers le droit de garder les projets qui ne sont point leur propriété. « Si les auteurs de ces projets sont véritablement créanciers de l'ancienne Compagnie, je suis prêt à les « payer, *sur production d'un titre liquide et exigible, impliquant une entière décharge de leur responsabilité*; mais « en attendant, je proteste contre l'acte illégal qu'ils commettent en retenant des plans qui, *par le fait seul « de l'approbation administrative*, échappent à leur action privée, et qui, d'ailleurs, ne leur appartiennent « pas.

« C'est dans cette position toutefois qu'il a fallu entreprendre les travaux, et les travaux ont été entre- « pris avant l'expiration du terme prescrit.... Loin de s'écarter des tracés antérieurs, ils suivent générale- « ment ces tracés; et s'il est vrai que des modifications aient été apportées, ces modifications constituent « *des améliorations certaines et positives*.... Dans tous les cas, si la Compagnie, pour donner la mesure des « services qu'elle veut rendre immédiatement au pays, a anticipé l'exécution de ces travaux, c'est *sous sa « responsabilité*, et ce n'est là qu'un profit pour l'intérêt général.... »

Le 14 février, M. le Préfet nous répondit :

« Les explications que vous m'avez fait l'honneur de m'adresser le 11 de ce mois ne détruisent point « le fait qui vous était reproché, de contrevenir aux clauses de l'acte de concession, relativement à l'exé-

« cution des travaux. — En conséquence, j'ai l'honneur de vous faire connaître que je maintiens pleine-« ment les observations que j'ai eu l'honneur de vous adresser à cet égard par ma lettre du 29 janvier « dernier. »

Nous considérâmes encore comme un devoir pour nous d'écrire à M. le Préfet, le 16 du même mois, ce qui suit :

« .... Je proteste que, dans la situation qui m'est faite par les circonstances, je ne comprends pas en « quoi je contreviens aux clauses de l'acte de concession, relativement à l'exécution des travaux. — Je « vous supplie de me le faire connaître, car je n'ai pas seulement la croyance d'avoir jusqu'ici rempli *le* « *mieux possible* les obligations à ma charge, mais j'en ai surtout *l'intention;* et si je ne me conforme point « à ces obligations et à vos vues, je vous serai reconnaissant de me dire en quoi je puis être en défaut...... « C'est un acte de bienveillante justice que vous voudrez bien ne point me refuser. »

Ainsi, sur tous les points, nous étions attaqué; et presque au même instant, nous recevons la notification de deux arrêtés préfectoraux, à la date commune du 12 février :

Le premier nous met en demeure de réparer, dans le délai d'un mois, *le percé d'Orgon;*

Le second nous impose l'obligation immédiate de payer, *comme en matière de contributions directes*, une somme de 11,500 fr. à titre de remboursement d'une avance faite par l'Etat, *en* 1850 *et en* 1851, pour réparations au même ouvrage.

Sur le premier arrêté, nous répondons à M. le Préfet :

« La Compagnie est prête à supporter toutes les charges de sa concesssion; mais c'est parce que je dé-« sire pouvoir entreprendre toutes les réparations utiles, que je demande incessamment à être mis *en jouis-« sance* de cette portion du Canal....

« Dans le cas où M. le Ministre des travaux publics serait appelé à statuer sur cette question de *jouis-« sance*, je vous prierais, vu la connexité, de lui soumettre en même temps la question d'*entretien*. Il est à « remarquer, en effet, que la loi de 1826 et l'ordonnance de 1839 commencent par décréter *l'abandon gra-« tuit* de cette portion du Canal, ainsi que des terrains et bâtiments qui en dépendent, avant de dire que « le concessionnaire sera tenu des engagements de l'Etat; ce qui subordonne évidemment la charge « de ces engagements à la réalisation même de cet abandon. — Et à l'appui de cette observation, j'aurai « l'honneur de vous rappeler qu'à l'époque de la première adjudication du Canal, l'ancienne Compagnie « fut mise en demeure d'exécuter aussi des réparations au souterrain d'Orgon, par arrêtés du 23 novem-« bre 1839 et du 13 mars 1840. Mais l'Administration, considérant la charge d'entretien comme une con-« dition inséparable de l'usufruit, sentit alors la nécessité de prescrire, par les mêmes arrêtés, la remise « à la Compagnie de la *jouissance* des biens faisant l'objet de la concession.

« Il en est de même aujourd'hui, Monsieur le Préfet, et en réclamant, aux termes de l'article 8 du dé-« cret de 1854, *la suite des anciennes concessions*, je ne demande pas autre chose que la consécration du « même droit par l'application des mêmes titres..... »

En réponse au second arrêté, qui nous imposait d'office le remboursement des 11,500 fr. que l'Etat avait pu dépenser *pendant la période de déchéance* pour l'entretien du même ouvrage, nous invoquâmes les mêmes motifs, qui devenaient ici d'autant plus péremptoires que ni la

Compagnie ancienne après sa déchéance, ni la Compagnie nouvelle avant sa concession, n'avaient pu être responsables d'une charge d'entretien qui incombait à ceux qui se trouvaient alors investis de la jouissance. Aux termes du droit commun, nous ne pouvions d'ailleurs, par un simple arrêté, être imposé *comme en matière de contributions directes;* et aux termes de l'art. 2 du décret du 31 juillet 1851, c'est au ministre seul qu'il appartenait de statuer sur la question des dettes susceptibles d'être à notre charge. Malgré ces explications, M. le Préfet, par une dépêche du 5 mars, nous fit connaître qu'il maintenait ses arrêtés, ajoutant :

« En attendant la décision de Son Excellence, il importe que, dès à présent, la réparation du percé « d'Orgon soit complétée, et l'avance du Trésor remboursée, sauf votre recours contre qui de droit, si la « dépense dont il s'agit était reconnue plus tard comme ne devant pas être à votre charge. »

Sous cette réserve, nous nous empressons de faire acte de déférence envers l'autorité.

Relativement au premier arrêté, nous écrivons, le 9 mars, à M. le Préfet :

« Je donne des ordres pour entreprendre immédiatement les réparations nécessaires dans la partie de la « branche septentrionale qui est située aux abords *et surtout en amont du percé d'Orgon*, pour que l'eau « puisse librement s'introduire dans le Canal pour les irrigations de cette année. En même temps, j'ai « l'honneur de vous dénoncer l'usurpation commise par l'OEuvre générale sur les ouvrages de la branche « septentrionale. Cette association paraît vouloir s'imposer sur cette branche, à laquelle elle n'a aucun « droit, des frais d'entretien dont je revendique la charge, en même temps que je revendique la jouissance « de la propriété de cette branche. »

Relativement au second arrêté, nous écrivons le même jour :

« Ne pouvant, ne voulant point résister aux poursuites de l'Administration, je payerai, *sous toutes réserves*, « les 11,500 fr. qui me sont réclamés... »

Cette somme, en effet, fut immédiatement versée à la caisse du percepteur de Tarascon.

Mais nous adressâmes, le 24 du même mois, une nouvelle réclamation à M. le Ministre, contre les dispositions ainsi appliquées contre nous.

Ce n'est point tout. Au moment où nous mettons nos ouvriers en chantier, tant en dehors qu'à l'intérieur même du percé, une réquisition écrite des agents de l'OEuvre générale appelle contre nous l'intervention de la gendarmerie, avec invitation « de faire cesser sans délai cette « violence qui porte atteinte à *leur droit de propriété;* et attendu qu'il y a flagrant délit, de « contraindre les ouvriers à vider les lieux immédiatement, par tous les moyens de la loi, « *etiam manu militari...* »

Sur cette réquisition, faite sans qualité à des agents de la force publique, qui manquaient à leur devoir en y obtempérant; sur cette réquisition, dont l'objet était diamétralement contraire au texte de l'arrêté d'*envoi en possession* affiché encore sur les murs d'Orgon, à la date du 20 septembre précédent, nos ouvriers sont chassés par la force, et les réparations du percé d'Orgon sont par ce fait interrompues.

Au même instant, un nouvel arrêté est rendu contre nous, dans les termes suivants :

« Art. 1er. — Dans la campagne des arrosages de la présente année, et à dater du 1er avril prochain, les « eaux nécessaires à l'alimentation de la branche septentrionale du Canal des Alpines seront conduites de « la Durance au pont Donneau au moyen du grand canal alimentaire, qui existe entre les deux ponts, par « les soins et aux frais de l'OEuvre générale des Alpines.

« Art. 2. — Pour prix de l'emploi du canal alimentaire, il sera payé par la Compagnie concessionnaire à « l'OEuvre générale : 1° une redevance fixe de trois cent soixante francs par moulan d'eau, soit deux cent « soixante litres d'eau par seconde ; 2° la cotisation de deux cents francs par moulan, portée au budget de « l'OEuvre, pour la présente année.

« Art. 3. — *Préalablement à la délivrance des eaux, la Compagnie concessionnaire sera tenue de payer à l'OEu-* « *vre générale :* 1° les sommes dues à ladite OEuvre par les Compagnies qui ont précédé la Compagnie ac- « tuelle ; 2° les termes échus de la redevance et de la cotisation de la présente année.

« Art. 4. — *Sous l'accomplissement des conditions énoncées dans les articles précédents, la Compagnie conces-* « *sionnaire sera considérée comme membre de l'OEuvre générale pour la présente année. Les eaux lui seront distri-* « *buées comme à tous les autres membres de l'OEuvre, selon son tour de concession.*

« Art. 5. — Faute par la Compagnie concessionnaire d'avoir fait connaître son adhésion aux disposi- « tions du présent arrêté *avant le 1er avril*, comme aussi *faute par la même Compagnie d'avoir exécuté, à la* « *même date, les réparations nécessaires au percé d'Orgon*, selon la mise en demeure qui lui en a été adressée « par notre arrêté du 12 février dernier, il sera organisé un service provisoire pour assurer le fonctionne- « ment des arrosages et l'exécution des réparations, conformément aux dispositions contenues dans l'arti- « cle 7 du décret susvisé du 14 juin 1854. »

Cet arrêté porte la date du 26 mars 1855 ; mais il ne nous fut notifié que le 28, à Tarascon, et nous n'en eûmes connaissance que le 30 à Paris. Comment aurions-nous pu en remplir l'objet ?

Or, avant même qu'il fût possible d'avoir de nous une réponse, le projet d'organisation d'un service provisoire est dressé par M. l'ingénieur du service hydraulique, et porté, dès le 31 mars, de ses bureaux à ceux de la préfecture. Le 1er avril étant un dimanche, le 2 un nouvel arrêté est rendu qui exclut la Compagnie de son service et la force, par voie de dépossession sommaire, à restituer les objets mêmes dont la remise en sa faveur avait été jusque-là incomplète.

Cet arrêté est affiché dans toutes les communes. En voici les dispositions principales :

« Art. 1er. — M. l'ingénieur en chef du département, et, sous ses ordres, M. l'ingénieur du service hy- « draulique, seront chargés provisoirement de la conservation de la branche septentrionale et des embran- « chements utilisés dans les exercices précédents, *à partir du souterrain d'Orgon inclusivement, mais non com-* « *pris les portions en ce moment à la charge de l'OEuvre générale.*

« Art. 2. — Ils termineront les réparations du Canal partout où besoin sera, et particulièrement dans le « passage du souterrain d'Orgon. Ces travaux seront immédiatement entrepris en régie, *aux frais et risques* « *de la Compagnie concessionnaire.*

« Art. 3. — *Des gardes spéciaux* nommés par nous, sur la présentation de M. l'ingénieur en chef, seront « placés en tel nombre qu'il sera nécessaire sur les diverses parties du Canal, pour veiller à sa conservation, « à la distribution et à la bonne administration des eaux d'arrosage...

« Art. 5. — Les arrosages autorisés à titre provisoire pour les années antérieures sur les parties achevées du « Canal continueront en 1855. A cet effet, M. l'ingénieur en chef du département déterminera, d'après les « indications fournies par les rôles rectifiés de 1854, la quantité d'eau à introduire dans le Canal, et en fera « la demande à l'OEuvre générale des Alpines. *Les eaux ainsi introduites seront payées à ladite OEuvre à rai-* « *son d'une redevance fixe de 360 fr. par moulan, et moyennant la cotisation de 200 fr. imposée par l'OEuvre géné-* « *rale aux concessionnaires pour ses dépenses ordinaires...*

« Art. 17. — La Compagnie *conserve ses droits* et reste soumise aux obligations qui découlent de son acte « de concession, sauf ce à quoi il est provisoirement dérogé par le présent.

« Art. 18. — *Elle est responsable*, vis-à-vis des arrosants ou usiniers, de tous dommages-intérêts qui peu- « vent être réclamés par eux pour privation plus ou moins prolongée de leur jouissance pendant la campa- « gne de 1855.

« Art. 19. — *La Compagnie devra livrer aux ingénieurs ou à leurs agents les objets qui lui avaient été remis* « *sur inventaire au moment de sa mise en possession, en octobre* 1854. »

L'administration ne prend pas la peine de nous faire tenir un exemplaire de cet acte de dépossession. Nos agents allèrent en prendre des copies sur les murs...

Le 3 avril, transmettant de Paris à M. le Préfet des Bouches-du-Rhône l'expression d'une douloureuse surprise, nous lui disons :

« Cette position et ce manque de temps me condamnent à une impuissance absolue. — Cependant, pour « remplir un devoir, j'ai l'honneur de vous déclarer que *la Compagnie entendait pourvoir elle-même, de la ma-* « *nière la plus régulière et la plus satisfaisante, aux irrigations de la présente année*, et que, bien que les circon- « stances rendent peut-être tardive toute proposition, je crois devoir encore vous demander, en tout état de « cause, de *confier à la Compagnie elle-même le soin de pourvoir à ce service, en laissant provisoirement indécises* « *toutes les questions soulevées par votre arrêté et toutes celles qui se rattachent à des réclamations antérieures*. L'ad- « ministration locale de la Compagnie est complétement disposée à cet effet. »

Par dépêche télégraphique du même jour, nous formulons la même demande en ces termes : « *La Compagnie demande à faire*, PAR SES AGENTS, *à titre définitif* OU PROVISOIRE, *le service des* « *irrigations.* »

Nous ne sommes point écouté. L'application de l'arrêté suit son cours. Nos agents sont dévestis des clefs des martellières et des autres objets dépendant du service ; nos gardes sont exclus. Un coup terrible est porté à notre considération et à notre crédit ; un préjudice immense en résulte pour nous.

Mais hâtons-nous de dire que nous formons, le 10 avril, un nouveau recours devant l'administration supérieure, et que bientôt, sur tous les points, il nous est fait justice.

Le conducteur des ponts et chaussées qui s'était porté contre nous à des actes de violence est déplacé de sa résidence de Saint-Rémy.

L'ancien entrepreneur, qui se prétendait créancier de sommes si considérables, voit ses prétentions renversées par des arrêts solennels de la Cour impériale de Paris, qui, écartant les titres qu'il invoque, le condamnent lui-même à des restitutions (1).

Les 11,500 fr. que nous avions payés sous l'empire de la contrainte nous sont remboursés avec intérêts.

Les travaux entrepris, *sous notre responsabilité*, en l'absence des plans antérieurement approuvés, sont reconnus plus propres à satisfaire l'intérêt général que l'exécution même de ces plans, dont nos tracés ne s'écartent d'ailleurs que par une extension nouvelle donnée au périmètre irrigable.

(1) Dans les conclusions formulées par le ministère public contre cet entrepreneur, on remarque les passages suivants :

Il y a là une fraude qui nous indigne, et qui nous indigne d'autant plus, que cette entreprise du Canal des Alpines recevait une subvention providentielle des capitalistes anglais qui étaient venus exécuter loyalement envers l'Etat les obligations qu'avait contractées la Compagnie française, dépensant hardiment tout ce qui était nécessaire, et qui, n'ayant obtenu avec tout cela que des travaux mal faits, ont vu enfin prononcer contre eux la déchéance. — Tout cela doit attirer les regards sévères de la justice. Et, quant à nous, nous n'hésitons pas à dire que les états de situation qui portaient cette signature d'Albinola étaient frauduleux, que c'étaient des pièces fausses avec lesquelles Gilles n'a pas pu légitimement se faire payer les sommes considérables qu'il a reçues.

Il y a eu ceci qui est douloureux à constater, c'est que personne ne s'est trouvé, parmi ceux qui connaissaient l'entreprise, qui prenaient part à son exécution, pour signaler à la Compagnie anglaise, et à M. Duncan, ce que c'était que cette position faite à Albinola, ce que c'étaient que ces états de situation qui portaient la signature de cet homme.

Ce ne pouvait être sans intérêt qu'on faisait apparaître la signature d'un faux ingénieur. On avait intérêt à grossir l'importance des travaux, à faire paraître exécutés des travaux qui ne l'étaient pas, et c'est ainsi qu'on parvenait à se faire payer par la Compagnie anglaise et par M. Duncan ce qui n'était dû ni par l'un ni par l'autre.

Conformément aux conclusions du ministère public, l'arrêt de la Cour, en date du 1er mars 1856, porte :

« Considérant que les demandes de Gilles ont pour bases des mémoires de travaux qui auraient été, selon son affirmation, réglés par des ingénieurs à ce compétents;

« Mais considérant qu'il est articulé par Duncan que non-seulement les ouvrages exécutés par Gilles, et qui n'ont pas encore été reçus, sont imparfaits et d'une exécution vicieuse, mais qu'on en a frauduleusement exagéré l'importance; que les règlements, par suite, émanent de gens sans caractère à cet effet, et sont le résultat d'un dol concerté avec de prétendus ingénieurs;

« Que, si ces articulations ne sont pas dès à présent justifiées, il résulte des documents de la Cour de graves présomptions qu'en effet ils ne se sont pas accomplis avec sincérité. »

La Cour ordonne une expertise; et l'expertise ayant été faite par MM. Perrier, aujourd'hui ingénieur en chef des Bouches-du-Rhône, Bonnet, agent-voyer en chef du département, et Renaud, architecte de la ville de Paris, il intervient un arrêt définitif, à la date du 27 mars 1858, qui

« Attendu que la situation respective des parties, fixée par l'arrêt dû 1er mars 1858, n'a été modifiée par « aucun fait ultérieur »,

Prononce contre Gilles les condamnations qui avaient fait l'objet des demandes reconventionnelles formées contre lui.

Les projets par nous présentés sont approuvés par le conseil général des ponts et chaussées, sur l'avis conforme des commissions d'enquête.

Enfin, sur les propositions de l'administration départementale elle-même, nous avons reçu le remboursement de notre cautionnement personnel de 100,000 fr., plus la moitié de l'ancien cautionnement, qui, aux termes de l'article 4 de notre acte de concession, ne pouvait nous être légalement acquis que dans le cas où nous exécuterions nos travaux dans le minimum de délai prévu par cet article. Il résulte de ce double remboursement que nous avons non-seulement jusqu'à ce jour *rempli convenablement toutes nos obligations*, mais qu'en outre, nous avons anticipé l'achèvement de la première partie de notre concession, c'est-à-dire de toute cette partie qui dérive ses eaux de la prise de Mallemort.

Après cette indication sommaire des résultats acquis, dont le seul énoncé fournit en faveur de notre bon droit un témoignage irrécusable, nous allons reprendre l'exposé méthodique des faits.

Par décision du 22 mai 1855, M. le ministre des travaux publics ordonne, dans les termes suivants, notre entrée en possession :

« Monsieur le Préfet, vous m'avez fait connaître les difficultés auxquelles a donné lieu la remise à la « nouvelle Compagnie concessionnaire du Canal des Alpines de la partie de ce Canal anciennement exé- « cutée par l'État, et comprise entre le pont Donneau et le percé d'Orgon.

« MM. les ingénieurs ont cru devoir faire des réserves relativement à l'envoi en possession de cette par- « tie du Canal, attendu que, par décret du 18 janvier 1813, elle a été amodiée à l'association syndicale « connue sous le nom d'OEuvre générale des Alpines, d'où MM. les ingénieurs ont conclu que la nouvelle « Compagnie, chargée par la loi du 7 juin 1826 de remplir tous les engagements de l'État vis-à-vis des « abonnataires alors existants, devait laisser la jouissance de cette portion du Canal à l'OEuvre générale « jusqu'à l'expiration de son bail.

« La Compagnie a réclamé contre cette restriction, *et vous proposez, Monsieur le Préfet, d'admettre sa récla- « mation.* Dans votre dépêche du 14 février dernier, vous développez les motifs sur lesquels sont fondées « vos conclusions. Je ne reproduirai pas ces motifs, qui m'ont paru parfaitement fondés; mais j'insisterai « particulièrement sur cette considération, rappelée dans votre dépêche, qu'un procès-verbal de remise « de la partie du Canal comprise entre le pont Donneau et le percé d'Orgon a été dressé, sur l'ordre de vos « prédécesseurs, par le sous-préfet d'Arles, le 30 décembre 1841, en présence de toutes les parties inté- « ressées, et notamment du représentant de l'OEuvre générale des Alpines, et qu'ainsi la Compagnie con- « cessionnaire de la branche septentrionale a été, dès cette époque, envoyée régulièrement en possession « des ouvrages qui lui étaient abandonnés par l'article 1er de la loi du 7 juin 1826.

« Cet acte du 30 décembre 1841 conserve aujourd'hui toute sa force, et la Compagnie actuelle est « aux droits de la première Compagnie concessionnaire, en ce qui concerne l'entrée en jouissance immé- « diate de la partie de la branche septentrionale comprise entre le pont Donneau et le percé d'Orgon, et je « vous invite, en conséquence, à prendre un arrêté tendant à assurer l'exécution pure et simple du pro- « cès-verbal de mise en possession dressé le 30 décembre 1841.

« Vous voudrez bien, Monsieur le Préfet, m'adresser une copie de cet arrêté, qui sera signifié à toutes « les parties intéressées, et dont vous donnerez connaissance à M. l'ingénieur en chef. »

Par décision du 25 du même mois, M. le Ministre, statuant sur les arrêtés du 23 mars et du 2 avril, ordonne que l'exécution de ces arrêtés soit immédiatement suspendue.

« J'ai examiné avec soin, en conseil général des ponts et chaussées, les diverses questions que soulève « cette affaire. — Je remarque avant tout que, dans ses rapports avec l'OEuvre générale de Boisgelin, la « nouvelle Compagnie des Alpines ne saurait être considérée comme un arrosant ordinaire auquel cette « OEuvre distribuerait les eaux moyennant une redevance égale à celle de tout propriétaire qui veut jouir « du bénéfice de l'irrigation. La nouvelle Compagnie ne doit pas plus dépendre de l'OEuvre générale des « Alpines que l'OEuvre générale ne doit dépendre d'elle. L'État, propriétaire du Canal domanial, a jugé « opportun, dans l'intérêt général, de passer un contrat d'amodiation pour une partie de ce Canal et de « concéder définitivement l'autre; c'est à lui qu'il appartient, ainsi que l'a prescrit l'article 6 de l'ordon- « nance royale du 11 avril 1839, de déterminer administrativement les rapports des parties intéressées; « et, dans ce règlement, il doit s'abstenir de les subordonner l'une à l'autre, en évitant entre elles toute « communauté autre que celle qui résultera de l'entretien de la prise d'eau en Durance et du tronc com- « mun depuis Mallemort jusqu'au pont Donneau...

« En ce qui touche l'article 3 de votre arrêté du 26 mars 1855, il semble que les administrations provi- « soires qui ont géré les arrosages de la branche septentrionale, *de 1848 à 1853*, auraient dû avant tout « payer la rente des eaux sur les produits des abonnements; et je me demande si, par le paragraphe 1er « de l'article précité, vous avez entendu, ainsi que l'a réclamé l'OEuvre générale, mettre à la charge de la « Compagnie nouvelle les déficits que paraissent avoir laissés les syndicats provisoires. — Il y a lieu de « remarquer, à cet égard, que les auteurs de la Compagnie nouvelle n'ont bénéficié en rien des eaux four- « nies par l'OEuvre générale à ces syndicats, puisqu'ils n'ont ni présidé à leur distribution ni touché le « prix d'arrosage.

« En ce qui concerne l'arrêté du 2 avril, destiné à assurer le service des arrosages dans la campagne « actuelle, je remarque que, d'après les termes mêmes de l'article 7, sur lequel est basé cet arrêté, il con- « vient que la Compagnie soit mise en demeure, dans le délai de trois mois, de reprendre la distribution « des eaux.

« D'après ces observations, et conformément à l'avis du conseil général des ponts et chaussées, je vous « prie, Monsieur le Préfet, de vouloir bien, *dès que la Compagnie aura été mise en possession*, conformément « à ma décision du 22 mai courant, de la partie du Canal comprise entre le pont Donneau et Orgon, met- « tre cette Compagnie en demeure d'assurer à ses risques et périls, comme aussi à ses bénéfices ou pertes, « les arrosages promis aux abonnataires de la branche septentrionale, *et suspendre les effets de vos arrêtés des « 26 mars et 2 avril derniers...* »

Par décision semblable du 29 du même mois, M. le Ministre statue comme suit sur la question des dettes :

« ...M. l'ingénieur en chef, sans entendre se prévaloir dès à présent contre la Compagnie d'une clause « *qui entraînait sa déchéance*, fait observer que la nouvelle Compagnie ne donne pas des preuves suffisantes « d'une résolution bien arrêtée d'arriver à une conclusion convenable, et il propose de la mettre en de- « meure, sous peine de déchéance, *d'avoir à verser dans un délai d'un mois, à la Caisse des dépôts et consigna- « tions, une somme de 400,000 f., formant environ les 2/3 des créances réclamées*, cette somme ne devant lui être « remboursée qu'après le payement définitif des dettes de l'ancienne Compagnie.

« Vous pensez de votre côté, Monsieur le Préfet, que le moyen proposé par M. l'ingénieur en chef est « efficace pour mettre un terme aux lenteurs de la Compagnie; toutefois, la somme de 400,000 fr. vous

« paraissant trop élevée, vous réduisez le versement au chiffre de 100,000 fr., mais en stipulant un nou-
« veau terme de rigueur pour l'entier payement des dettes de l'ancienne Compagnie.

« Entrant dans l'examen de ces diverses propositions, j'ai pensé, avec le conseil général des ponts et « chaussées, que des doutes pouvaient s'élever sur la question de savoir *si l'administration a le droit d'impo-* « *ser à la Compagnie l'obligation de déposer une garantie nouvelle*... Le Trésor est déjà nanti d'un premier cau- « tionnement versé par la Compagnie déchue; il a reçu le second cautionnement de la Compagnie ac- « tuelle. On ne voit pas sur quel fondement pourraient être réclamées des garanties nouvelles. Il n'y a donc « pas lieu de provoquer un nouveau versement de fonds, et tout se réduit, dans l'espèce, à examiner si la « Compagnie nouvelle a encouru la déchéance, *seule pénalité prévue par le cahier des charges*.

« A cet égard, il convient de remarquer que les mots *dettes liquides et exigibles*, employés pour formuler « les obligations des nouveaux concessionnaires, emportent une signification bien nette. Une dette est li- « quide lorsqu'elle est assise sur un fondement incontestable. Elle est exigible lorsque le réclamant prouve « qu'il a qualité pour recevoir. Or, *il n'est point établi par les pièces du dossier que la Compagnie ait refusé de* « *payer des créances appuyées sur de pareils titres*..... »

Son Excellence conclut qu'il y a lieu de mettre la Compagnie en demeure, d'abord de payer immédiatement celles de ces sommes qui sont arrivées à l'état de *dettes liquides et exigibles*, et d'amener les autres à une régularisation définitive; ensuite de fournir des tableaux mensuels indiquant les créances successivement régularisées, afin de mettre l'administration en mesure de juger si la Compagnie remplit loyalement ses obligations.

Nous nous empressons de dire, quant à nous, qu'il n'y avait aucune dette *liquide et exigible* susceptible de nous être opposée; qu'en fait, il n'en a été produit aucune de cette nature, aux yeux de l'Administration, et que, relativement aux autres, nous n'avons pas tardé à en effectuer nous-même la liquidation, en donnant satisfaction, en l'absence même de titres, à toute demande moralement justifiée.

Mais nonobstant ces décisions, l'effet des arrêtés des 26 mars et 2 avril ne fut point suspendu. Nous demandâmes vainement, par lettre du 29 juin, à être réintégré dans la gestion des arrosages; M. le Préfet nous répondit ce qui suit, à la date du 3 juillet :

« La décision ministérielle à laquelle vous faites allusion, et dont il vous a été donné connaissance à la « préfecture, m'a paru nécessiter quelques explications avant d'être exécutée, et j'attends en ce moment « ces explications, que j'ai demandées à Son Excellence par dépêche du 8 juin dernier. — Je ne puis donc « en ce moment faire droit à la réclamation de la Compagnie, à laquelle je donnerai suite aussitôt que les « instructions que j'ai sollicitées me seront parvenues. »

Bientôt une nouvelle décision ministérielle, répondant à la demande d'explications de M. le Préfet, vient, à la date du 31 juillet, confirmer les principes posés dans la dépêche précitée du 25 mai.

M. le Ministre répète que la Compagnie ne peut être considérée comme un abonnataire ou un usager ordinaire des eaux du Canal; qu'elle ne peut dès lors être tenue de payer à l'OEuvre générale le prix exigé d'un abonnataire; que « la Compagnie ne doit pas compte du prix des eaux, mais seulement de sa part proportionnelle de dépense, à raison de la communauté de la prise d'eau en Durance et de l'usage du tronc commun entre Mallemort et le pont Donneau; que c'est au règlement administratif à intervenir qu'il appartiendra de fixer les bases de cette répartition »; qu'en ce qui touche les 34,128 fr. 40 c. réclamés, cette somme figure sur les registres d'enquête de la commune d'Orgon comme représentant « la rente des eaux *depuis* 1849 *jusqu'en* 1852 *inclusivement*, comprenant à la fois le prix des eaux livrées et les impositions...; que cette période appartient tout entière à l'administration des syndicats provisoires...; que la Compagnie n'est en aucune façon redevable des sommes réclamées de ce chef... etc. »

C'est un développement pur et simple des principes antérieurement consacrés. Mais les arrêtés préfectoraux du 26 mars et du 2 avril n'en continuent pas moins d'avoir leur exécution jusqu'à la fin des arrosages.

Cependant, par arrêté du 28 juin 1855, M. le Préfet ordonne que, nonobstant toute nouvelle opposition, nous soyons mis en possession et jouissance de la branche d'Orgon, conformément à la remise faite à la première Compagnie par procès-verbal du 30 décembre 1841. La formalité ainsi prescrite s'exécute suivant procès-verbal du 17 juillet 1855.

Quant à notre réintégration dans la gestion dont nous avons été exclu, un arrêté du 3 août nous met en demeure « d'assurer les arrosages demandés et promis, mais, *à cet effet*, d'administrer la preuve que nous avons acquitté les sommes qui nous sont *réclamées par l'OEuvre générale* ».

L'article 2 de l'arrêté porte, suivant le texte même de la dernière décision :

« La Compagnie n'étant pas redevable à l'OEuvre générale du prix des eaux et des impositions, relativement aux arrosages effectués par les syndicats provisoires, à partir de 1849, les sommes réclamées de ce chef par l'OEuvre générale seront retranchées du tableau des dettes de la Compagnie. »

Ceci, évidemment, dans la pensée du Ministre, avait pour objet d'établir que la réclamation de 34,128 fr. 40 c. ne devait pas mettre obstacle à notre réintégration. Mais l'article 4 de l'arrêté préfectoral porte :

« Immédiatement après la production de la quittance des sommes dues à l'OEuvre, les effets de nos arrêtés des 26 mars et 2 avril derniers seront suspendus, et l'administration des arrosages remise à la Compagnie. »

Nouvelles réclamations de notre part :

En attendant, le temps s'écoule, et nous restons dépossédé.

Toutefois, *après la saison des arrosages*, vers la fin du mois d'octobre, un agent des ponts et chaussées offre de nous restituer, sans aucune formalité, les clefs des martellières et les instruments, devenus inutiles, qui dépendent du service des arrosages, sans nous rendre les revenus de l'exercice, qui sont mis en recouvrement par les percepteurs des contributions.

Nous écrivons à ce sujet à M. l'ingénieur en chef, le 12 novembre, ce qui suit :

« Vous savez que c'est en vertu d'un arrêté affiché dans toutes les communes et portant dépossession sommaire de la Compagnie, par le motif qu'elle n'aurait point rempli ses engagements financiers, que

« la perception de ses revenus a été mise en état de séquestre. Un acte de cette nature et de cette gravité a « porté à la Compagnie un coup terrible, alors qu'elle était déjà sous le coup d'injustes préventions nais- « sant de précédents qui lui sont étrangers. J'ai espéré, pendant plus de six mois, que la décision inter- « venue par suite du pourvoi régulièrement formé devant M. le Ministre des travaux publics serait, « avant la fin de la saison des arrosages, traduite aux yeux des populations par la révocation de cette me- « sure sous une forme ayant une portée égale. J'ignore si une simple lettre à nous adressée par M. le Pré- « fet est de nature à modifier cet arrêté; mais il est certain qu'une Compagnie, dont tous les actes por- « tent l'empreinte d'un respect religieux pour l'accomplissement de ses obligations, permettrait de dou- « ter qu'elle eût confiance en son bon droit, si elle adhérait à la privation non motivée de la faculté « qui lui appartient de disposer de la perception et de l'emploi de ses reveuus. J'ajoute, monsieur l'ingé- « nieur en chef, que ce serait un acte destructeur de toute Compagnie que celui qui, sans formalité de « justice, la priverait indéfiniment de l'intérêt de ses capitaux... »

En conséquence, nous réclamons formellement, outre les objets mobiliers mentionnés ci-dessus, les produits mêmes du Canal, non-seulement de l'exercice 1855, mais de l'exercice 1854, par lequel commence la période légale de notre concession.

Mais ce n'est que le 10 janvier 1856 qu'un agent de l'Administration nous remet les pièces comptables et les rôles dressés pour la perception des taxes dues par les arrosants. Une portion des produits afférents aux arrosages de 1855 se trouve même prélevée et perçue au profit de l'administration provisoire. Nous n'acceptons que sous réserves cette remise, qui, dans de telles conditions, ne constitue point l'annulation des arrêtés du 26 mars et du 2 avril précédents.

Mais de nouvelles décisions ministérielles ont pour objet de mettre un terme à ces difficultés.

Le 16 février 1856, M. le Ministre statue définitivement sur la question des dettes, par application de l'article 2 du décret de 1851.

« Monsieur le Préfet, vous m'avez adressé diverses réclamations produites par les sieurs Anty et « autres, qui se prétendent créanciers de l'ancienne Compagnie concessionnaire du Canal des Alpines, « et qui, invoquant le bénéfice de l'article 2 de l'ordonnance du 31 juillet 1851, demandent à être payés « immédiatement par le sieur Courtet, concessionnaire actuel de ce Canal.

« Sans entrer dans l'examen particulier des diverses réclamations présentées par les sieurs Anty, Tes- « tanier, Grieve et autres, je dois vous faire remarquer, Monsieur le Préfet, que les diverses questions « que soulèvent ces réclamations ne paraissent pas avoir été envisagées, dans le département des « Bouches-du-Rhône, au point de vue auquel s'est placée l'Administration supérieure, par l'application « du décret du 31 juillet.

« En premier lieu, il convient d'établir une ligne de démarcation absolue entre les dettes contractées « par l'ancienne Compagnie, *antérieurement à la déchéance prononcée contre elle le 17 août* 1848, et les det- « tes, de quelque nature qu'elles soient, *d'une date postérieure à l'arrêté de déchéance* qui a enlevé à la « Compagnie la propriété et la jouissance du Canal des Alpines.

« *Ces dernières dettes*, jusqu'à la date du nouveau droit de concession, *doivent être considérées comme in-* « *combant aux syndicats provisoires*, et doivent faire l'objet d'un règlement de compte spécial dont je vous « prie de presser la rédaction.

« *Les premières dettes* peuvent *seules* être mises, s'il y a lieu, à la charge du concessionnaire actuel. — « Mais ce n'est qu'autant qu'elles présentent d'une manière évidente un caractère *liquide et exigible*, et « qu'elles se rapportent à *l'exécution des travaux*, conformément à l'article 2 du décret de 1851, que leur

« payement immédiat peut être exigé. Dans le cas contraire, les réclamants doivent être renvoyés à se « pourvoir par la voie contentieuse devant qui de droit.

« Or, conformément à l'avis du conseil général des ponts et chaussées, et d'après l'examen auquel ce « conseil s'est livré, j'ai reconnu que toutes les dettes qui n'étaient pas soldées au 14 septembre dernier, « et qui figurent au tableau des créances de la Compagnie du Canal des Alpines, en date du 8 octobre, « doivent être considérées comme litigieuses, c'est-à-dire qu'elles ne sont en ce moment ni liquides ni « exigibles.

« J'ai reconnu d'ailleurs, avec le conseil général, que l'envoi en possession de la Compagnie ne peut « pas rester subordonné à des débats dont il est impossible de prévoir ni l'issue ni le terme, et qu'*en fait* « *la Compagnie a satisfait autant qu'il était en elle aux obligations qui lui étaient imposées par l'article 2 du décret* « *du 31 juillet* 1851.

« En conséquence, par décision en date de ce jour, j'ai arrêté qu'il y a lieu d'envoyer la Compagnie « en possession, et de la mettre *en jouissance définitive de la concession*, tous droits des tiers demeurant ex- « pressément réservés.

« Je vous prie, Monsieur le Préfet, de vouloir bien me rendre compte des mesures que vous aurez « prises pour assurer l'exécution de la présente, et lever, autant que possible, les difficultés qui paraissent « entraver d'une manière fâcheuse la marche d'une entreprise dont le succès intéresse essentiellement « l'amélioration agricole d'une partie de votre département. »

Nous espérions qu'en conformité de cette décision, un arrêté publié et affiché dans toute la région intéressée, comme l'avait été l'arrêté du 20 septembre 1854, qui avait ouvert l'enquête relative au payement des dettes, serait rendu par M. le Préfet des Bouches-du-Rhône pour rendre témoignage de la manière dont nous avions satisfait à nos obligations. Notre espérance a été vaine, et cette décision, à notre connaissance, n'a été suivie d'aucun résultat.

Le 29 du même mois, nouvelle décision concernant l'éternelle réclamation de l'OEuvre générale :

« Monsieur le Préfet, vous m'avez fait l'honneur de m'adresser, pour la troisième fois, un rapport de « M. l'ingénieur en chef du département, contenant des observations sur la somme de 34,128 fr. 40 cent. « réclamée par l'OEuvre générale contre la Compagnie actuellement concessionnaire de la branche septen- « trionale du Canal des Alpines.

« M. de Montricher fait remarquer que cette créance doit être divisée en deux parties, qu'il ne détermine « pas, mais qui s'appliquent l'une à la part contributive de la Compagnie dans la dépense de construction « de la digue de Mérindol *en Durance*, l'autre au prix des arrosages, *depuis* 1848 *jusqu'à* 1852.

« Sur le premier point, M. l'ingénieur en chef est d'avis que, vu la nature de son origine, cette partie de « la créance jouisse du bénéfice du décret du 31 juillet 1851, puisque l'établissement de la digue de Mé- « rindol constitue un travail de fond exécuté au profit commun des deux branches, et non pas une dépense « accidentelle ayant uniquement les arrosages pour objet. M. l'ingénieur en chef conclut à ce que la part « de ces travaux afférente à la branche septentrionale soit considérée comme liquide et exigible.

« En ce qui touche le surplus de la créance représentant le prix des eaux d'arrosage, M. l'ingénieur en « chef pense que la nouvelle Compagnie doit également faire le payement immédiat au moins des eaux re- « çues par la branche septentrionale jusqu'au mois d'août 1848, époque de la déchéance de l'ancienne « Compagnie.

« Vous m'avez adressé ces observations, accompagnées de votre avis conforme. J'ai examiné de nouveau « cette réclamation

« Sur le premier point, appliquant les principes posés par ma dépêche du 16 février présent mois, « comme d'une part il s'agit de travaux *postérieurs à la mise en déchéance de l'ancienne Compagnie*, et que, « d'autre part, *ces travaux n'existent plus aujourd'hui, et qu'ils ne portent aucun profit au concessionnaire actuel*, « j'ai reconnu qu'ils ne pouvaient être classés parmi les dépenses auxquelles s'applique l'article 2 du dé- « cret du 31 juillet 1851.

« En ce qui touche le prix de l'eau dû pour l'année 1848, il résulte des termes mêmes de la réclamation de « M. Donneau, telle qu'elle a été faite dans la première enquête, que *la somme réclamée se rapportait aux « eaux prises de 1849 à 1852, et qui, dès lors, seraient postérieures à la déchéance.*

« En supposant qu'il s'agisse réellement du prix des eaux dues en 1848, comme c'est là *une dette étran- « gère à l'exécution des travaux*, dette représentée par le prix des arrosages, j'ai reconnu également qu'on ne « peut la faire supporter à la Compagnie Courtet.

« Par ces motifs, je persiste à penser que la somme de 34,128 fr. 40 c. réclamée par l'OEuvre générale « doit être considérée *en entier* comme litigieuse, et que cette réclamation ne peut mettre obstacle à la mise « en possession définitive, *que vous aurez à prononcer, conformément à ma décision du 16 février présent mois.*

« Je vous prie de communiquer la présente décision à M. l'ingénieur en chef, ainsi qu'aux parties inté- « ressées. »

Enfin, au milieu des troubles incessants qui nous sont ainsi suscités, les années se passent, la saison des nouveaux arrosages s'approche. Il convient d'y pourvoir. A cet effet, nous nous adressons à l'Administration pour avoir la certitude que les eaux qui nous sont nécessaires pour le service de nos irrigations soient introduites en temps utile dans le canal commun, et que nous puissions librement en faire la dérivation au profit de notre branche, dont nous réclamons le service exclusif, sous notre responsabilité. — Sur ce, nouvelles difficultés de l'OEuvre générale. — Nouvelle décision du Ministre, à la date du 28 avril 1856 :

« Monsieur le Préfet, par dépêche du 18 mars dernier, vous m'avez transmis, avec votre avis, une demande « formée par le directeur de la Compagnie concessionnaire du Canal des Alpines, à l'effet d'obtenir qu'injonc- « tion fût faite à l'OEuvre générale abonnataire du grand canal alimentaire, de lui départir le volume d'eau « nécessaire pour les arrosages de la prochaine campagne. — J'ai examiné cette affaire en conseil général « des ponts et chaussées, et, sur le rapport d'une commission composée de MM. Mallet et Morice Larue, « d'accord avec le conseil, j'ai reconnu qu'il y a lieu d'adopter les dispositions suivantes. » (Voir le texte de ces dispositions, reproduit dans les six premiers paragraphes d'une nouvelle décision du 9 mai 1856, dont nous allons parler.)

Nous avions présenté nos projets pour l'exécution des travaux faisant suite à ceux des anciennes compagnies. Les projets antérieurement approuvés comprenaient : 1° l'alimentation de la branche septentrionale par la prise de Mallemort et par le tronc commun de la Durance au pont Donneau ; 2° la restauration de la portion anciennement exécutée du pont Donneau à la sortie du percé d'Orgon ; 3° la construction de la branche-mère d'Orgon à Saint-Remy, avec son prolongement sur Eyragues, finissant au ravin qui sert de limite entre cette dernière commune et celle de Châteaurenard. Cette partie des projets, disons-nous, avait été antérieurement approuvée : elle avait fait l'objet de la décision du 18-25 mars 1842, mentionnée dans nos titres de concession, spécialement dans l'ordonnance du 13 décembre 1845.

Quant aux compléments que nous avions nous-même à apporter à ces projets, ils comprenaient : 1° la branche de Saint Gabriel; 2° l'embranchement secondaire de Noves; 3° la construction de la nouvelle prise et de la nouvelle branche, ou plutôt du nouveau canal septentrional improprement désigné sous le nom de *branche de Rognonas.*

Sur la présentation de ces projets, dressés par nous et soumis à l'enquête, intervient la décision du 9 mai 1856, que nous venons de mentionner et qui a pour objet de résoudre accessoirement toutes les questions qui se rattachent à l'ensemble de l'entreprise.

« Le projet présenté n'offre à résoudre qu'une seule question, en ce qui touche la première branche septentrionale du Canal des Alpines : c'est la question de savoir si les eaux de la branche de Saint-Gabriel seront déversées dans le Vigueirat, ou si elles devront êtres conduites à Lansac, suivant le décret de 1851.

« Il n'est pas nécessaire d'opposer aux propositions actuelles de MM. les ingénieurs l'opinion qu'ils avaient en 1853; il suffit de distinguer les eaux destinées à l'arrosage de celles introduites dans le canal de Saint-Gabriel en dehors de ce besoin, pour former un cours d'eau permanent employé à mettre en mouvement des usines.

« Pour les premières, comme la commission d'enquête, je pense qu'il s'agit ici de la question de savoir quelle est la portée de la transaction du 9 octobre 1619, intervenue entre les villes d'Arles, de Tarascon, de Saint-Remy, et l'association des vidanges. Cette transaction contient le passage suivant :

« Combien ait été accordé que lesdits de Tarascon ni autres supérieurs ne pourront faire nouveaux *ca-*
« *naux* pour tirer les eaux de la Durance, lieu dit de la Glacière, ou de la rivière du Rhône, et *les jeter*
« sur les terrains d'Arles et de Tarascon, ni élargir ceux qui sont en état, par lesquels les eaux supérieures
« sont dérivées, supprimant lesdits pactes, ne leur a permis de faire lesdits canaux que pour l'arrosage,
« tant seulement, et non pour autre effet, et en ce cas lesdits de Tarascon payeront les dommages et in-
« térêts auxdits d'Arles, *s'il y échoit*, et moyennant ce, sera paix et amitié entre lesdites communautés. »

« La majorité de la commission d'enquête a adopté cette transaction comme obligeant le Vigueirat à recevoir non-seulement les eaux de colature, mais *les eaux du canal d'arrosage lui-même*, et la même commission a soutenu que, puisqu'il s'agit des eaux d'arrosage, la branche de Saint-Gabriel ne pouvait déverser ses eaux dans le Vigueirat que pendant la saison des irrigations, du 1er avril au 15 octobre de chaque année.

« Le volume d'eau attribué à la branche de Saint-Gabriel pour l'arrosage étant, d'après l'accord unanime des intéressés, de 2 mètres cubes, lorsque cette eau ne sera pas absorbée en entier par l'arrosage, il faudra que la partie non employée trouve une issue. Si l'extrémité du canal était bouchée, le déversement se ferait par les ravins qui descendent des Alpines, et elles arriveraient au Vigueirat. Puisque cet émissaire doit forcément les recevoir, il est plus naturel que ces eaux trouvent leur issue à l'extrémité de la branche de Saint-Gabriel...

« En ce qui touche la seconde branche septentrionale du Canal des Alpines, la Compagnie place la prise d'eau, non à Rognonas, mais à 130 mètres en aval de celle de Châteaurenard; de là part une branche mère recevant 5 mètres d'eau par seconde, qu'elle porte jusqu'à un bassin de partage, d'où sortent deux branches secondaires, l'une longeant la Durance, l'autre se dirigeant sur Graveson, Tarascon, Lansac et Arles.

« C'est pour pouvoir arroser le territoire entier de Rognonas et de Graveson que la prise d'eau a été remontée, à Châteaurenard, à 13 mètres plus haut.

« Ici les travaux se compliquent, la branche mère et le canal secondaire à la suite qui longe la Durance seraient exposés aux crues de cette rivière si on ne fait en même temps la chaussée insubmersible qui doit protéger les territoires de Châteaurenard, de Rognonas et des communes inférieures. Cette chaussée part de la commune de Châteaurenard, vient se souder à celle du chemin de fer, et se continue au delà jusqu'au Rhône. Déjà la Compagnie Courtet a été chargée, par adjudication du 12 juillet 1854, de la construction des chaussées de Barbentane, c'est-à-dire de la partie de digue qui s'étend du chemin de fer au Rhône; elle propose de faire aux mêmes conditions le surplus. Les travaux sont évalués à 100,000 fr., et la dépense serait répartie de la manière suivante : la Compagnie ferait l'avance du sixième à la charge des syndicats de Châteaurenard et Rognonas; les cinq autres seraient ainsi répartis : 2/6 aux frais de l'État, 2/6 à ceux de la Compagnie du chemin de fer, 1/6 aux frais du département.

« Mais, si on ajourne la construction de cette digue, la Compagnie Courtet sera obligée, ou d'ajourner également l'ouverture de la rigole, ou de l'éloigner de manière qu'elle ne soit pas exposée à l'action immédiate de la Durance.

« Ce dernier parti, qui aurait pour résultat de priver d'arrosage une partie du territoire de Rognonas, doit être écarté; *il est donc nécessaire que l'administration proroge le délai de six ans fixé par le décret de* 1851 *et qui court depuis le* 14 *juin* 1854.

« Pour ces branches, M. l'ingénieur en chef propose d'imposer à la Compagnie du Canal septentrional des Alpines la condition suivante :

« La traversée de l'Anguillon et du canal de fuite de Châteaurenard se fera par des ouvrages qui permettront de recevoir dans le canal de Rognonas les colatures de ces deux cours d'eau, etc., etc.

« Par décision de ce jour, j'ai reconnu qu'il y a lieu d'approuver et de déclarer d'utilité publique les projets de la première et de la seconde branche septentrionale du Canal des Alpines, aux conditions suivantes :

« 1° La première branche septentrionale des Alpines recevra, en temps d'étiage, vingt-huit moulans « deux vingt-quatrièmes (28 moulans 2/24), ou sept mètres quarante-six centièmes de mètre cube d'eau, « par seconde, lesquels se composeront de neuf moulans six vingt-quatrièmes (9 moulans 6/24), ou deux « mètres quarante-six centièmes de mètre cube (2m.46), aux anciens abonnataires, et de dix-huit moulans « vingt vingt-quatrièmes (18 moulans 20/24), ou cinq mètres cubes, qui font tout l'objet de la nouvelle « concession.

« 2° Pour empêcher que ce contingent ne soit dépassé, il sera placé, en un point convenable, en aval « des vannes de prise d'eau, un calibre avec un repère, dont la hauteur marquera le niveau de l'eau cor- « respondant au débit du volume accordé.

« 3° Le concessionnaire aura les clefs de ses vannes de prises d'eau, et lesdites vannes seront manœu- « vrées sous sa responsabilité, de telle sorte que le repère ne soit jamais couvert en temps d'étiage, sous « peine d'être condamné à des dommages-intérêts envers la branche méridionale, s'il y a lieu;

« 4° Que la contribution par moulan d'eau de la branche septentrionale des Alpines, pour subvenir à « l'entretien de tronc commun, sera provisoirement fixée à deux cent soixante-dix francs (270 fr.), sauf « compensation ultérieure à établir entre les branches, lorsqu'un règlement définitif aura déterminé les « rapports qui devront avoir lieu.

« 5° Sur les cinq mètres cubes arrivant au bassin de partage de Saint-Remy, trois mètres cubes (3m) « seront dirigés vers les branches d'Eyragues et de Noves. La branche de Saint-Gabriel recevra les deux « mètres restants.

« 6° La Compagnie est autorisée à écouler par le Vigueirat, du 1er avril au 15 octobre de chaque année, « le résidu des eaux introduites dans le canal en vue de l'arrosage, sauf à payer aux propriétaires du Vi- « gueirat une somme destinée à couvrir l'excédant des frais d'entretien résultant de l'introduction de ces « eaux.

« 7° Si la Compagnie veut faire passer par le canal de Saint-Gabriel des eaux autres que celles d'arro- « sage, elle sera invitée, soit à traiter de gré à gré avec l'Association du Vigueirat, soit à attendre que l'Ad- « ministration fasse déclarer, s'il y a lieu, l'utilité publique de l'introduction de ces eaux.

« 8° La deuxième branche septentrionale, ayant sa prise d'eau à cent trente mètres en aval de celle de « Chateaurenard, recevra un volume de cinq mètres cubes d'eau par seconde, en temps d'étiage; deux mè- « tres cubes seront dirigés vers la branche de Barbentane, et trois mètres vers celle de Tarascon. Un ca- « libre et un repère seront placés sur la branche mère, ainsi qu'il a été dit ci-dessus pour la première « branche.

« 9° L'attention de la Compagnie sera appelée sur les ouvrages qu'il y aurait à faire pour recevoir dans « son canal les eaux de fuite du canal de Châteaurenard.

« 10° Elle se mettra en mesure de fournir les eaux qui ne seront pas employées à l'arrosage à la Com- « pagnie du chemin de fer, pour l'avivement et le colmatage des caisses d'emprunt de ce chemin, sur le « territoire de Rognonas, Barbentane et Graveson.

« 11° La Compagnie empêchera, par des murs de soutènement ou des perrés, l'éboulement des terres « de la berge de son canal dans les fossés de la route départementale n° 17.

« 12° *Au délai accordé pour l'achèvement de la deuxième branche septentrionale, on ajoutera le cas échéant, le* « *retard apporté à la construction par le non-achèvement de la digue de Châteaurenard.* »

Après l'adoption de toutes ces mesures, nous espérions être à l'abri de difficultés et de luttes nouvelles : nous nous trompions encore. Pour la quatrième fois le débat recommence sur les questions vidées.

1° Sur la question de la prétendue dette de l'OEuvre générale, les nouvelles oppositions que nos adversaires soulèvent sont écartées par une nouvelle décision du 14 juillet 1856.

2° Sur la question de mise en possession, les nouvelles réclamations de l'OEuvre générale, vainement défendues par un rapport de M. de Montricher, sont déférées encore une fois à l'examen du conseil général des ponts et chaussées. Les conclusions du conseil, présentées par une commission d'inspecteurs généraux, servent de base à une nouvelle décision du ministre, qui réfute sur tous les points l'avis de M. de Montricher, et qui confirme, à la date du 18 juillet 1856, toutes les décisions antérieures.

3° Enfin, sur les arrêtés qui ont réalisé la dépossession de la Compagnie, en 1855, les précédentes conclusions de l'administration supérieure sont également confirmées par une décision nouvelle du 24 juillet 1856 :

« .... L'ancienne Compagnie concessionnaire de la branche septentrionale, dit M. le Ministre, ayant « été mise en déchéance le 17 août 1848, des administrations provisoires, instituées par différents arrêtés « préfectoraux, ont géré les arrosages pendant les arrêtés de 1849, 1850, 1851, 1852, 1853 et 1854.

« Vers la fin de cette même année, une nouvelle Compagnie, celle dont M. Courtet est directeur, fut « déclarée concessionnaire et substituée aux administrations provisoires : elle aurait donc dû prendre les « arrosages en mains au début de la campagne de 1855, et elle s'y disposait, en effet, en faisant curer la « partie du Canal comprise entre le pont Donneau et le percé d'Orgon, dont son titre lui assure la pos- « session et la jouissance, lorsqu'elle vit ses ouvriers chassés par la force armée, requise par l'OEuvre gé- « nérale de Boisgelin, qui, en vertu de son contrat d'amodiation de 1813, prétendait avoir le droit de ne « pas se dessaisir de la portion précitée du Canal des Alpines.

« En même temps, Monsieur le Préfet, par trois arrêtés en date des 12 février, 26 mars et 2 avril 1855, « vous avez mis cette Compagnie en demeure de payer 11,500 fr. pour réparations faites au percé d'Orgon « pendant la déchéance, sous peine de s'y voir contrainte comme en matière de contributions directes.

« Vous l'avez déclarée inhabile à pourvoir aux arrosages ; vous avez mis la perception de ses revenus en « état de séquestre, et vous avez organisé une administration provisoire. Mais, *loin d'approuver ces mesures,* « l'Administration supérieure décida que la Compagnie Courtet serait mise en possession et jouissance de « la branche septentrionale des Alpines, et notamment de la partie de cette branche comprise entre le « pont Donneau et le percé d'Orgon ; et que, aussitôt après l'exécution de cette investiture, elle rentre- « rait dans l'administration de l'objet de sa concession.

« *Cette réparation a été partiellement accomplie,* en vertu d'une lettre que vous avez écrite à M. l'ingénieur « en chef, mais ni les comptes de gestion de 1855, ni l'excédant de caisse de cet exercice n'ont été remis « à M. Courtet ; et c'est en cet état de choses qu'il a présenté les réclamations suivantes.

(*Suit l'exposé de ces réclamations.*)

« D'accord avec le conseil général, j'ai reconnu par décision de ce jour :

« Que, *puisque les arrêtés qui ont dépossédé la Compagnie de l'objet de sa concession, et l'ont déclarée inhabile* « *à gérer les arrosages, ont été officiels et publics, il est regrettable que ces arrêtés n'aient pas été révoqués par un* « *nouvel arrêté également officiel et public ;*

« Que, de plus, *la remise en possession ne pourra être considérée comme complète que du jour où l'administra-* « *tion du séquestre aura été dissoute,* même en ce qui concerne l'achèvement de la perception des droits « d'arrosage de 1855, etc., etc. »

On voit par l'exposé qui précède l'enchaînement des faits qui ont amené cette série de décisions. La lecture seule des textes nous semble suppléer à tout plaidoyer en faveur de notre droit. Mais la portée traditionnelle des actes reste, toutefois, méconnue par nos adversaires, et la pensée persistante de l'administration supérieure ne cesse d'être combattue par eux. Le Conseil d'Etat est en ce moment appelé à juger sept pourvois, sur ces mêmes questions appréciées avec tant de maturité par les commissions d'inspecteurs généraux, par les délibérations du conseil général des ponts et chaussées, par l'examen itératif du ministre.

Le premier pourvoi (inscrit au secrétariat du Conseil d'Etat sous le n° 26,811) est formé par l'OEuvre générale contre la décision du 22 mai 1855, contre l'arrêté du 28 juin, et le procès-verbal du 17 juillet de la même année, en vertu desquels la Compagnie a été mise en possession, comme les compagnies antérieures, de la portion du canal concédée par la loi.

Le deuxième pourvoi (n° 26,812) est formé contre les décisions du 25 mai et du 31 juillet 1855, écartant d'abord la prétendue dette de l'OEuvre générale, et déclarant en outre que la Compagnie de la branche septentrionale ne peut être assimilée à un simple usager des eaux du Canal, ni appelée par cela même à prendre rang parmi les abonnataires de l'OEuvre générale.

Le troisième pourvoi (n° 27,484) est formé contre la décision du 28 avril 1856, prescrivant, à titre provisoire, les mesures à prendre pour assurer les arrosages de cette même année.

Le quatrième pourvoi (n° 27,798) est formé contre la décision du 14 juillet 1856, ayant pour objet spécial de repousser définitivement la prétendue dette de l'OEuvre générale.

Quant aux pourvois subséquents, ils appartiennent à une autre série d'affaires. Ils sont suscités, il est vrai, contre nous, par les mêmes personnes et sous l'empire des mêmes influences, mais sur d'autres questions.

Le cinquième pourvoi, notamment (n° 27,656), est formé contre la décision du 28 avril 1856 qui nous autorise, à titre provisoire, à écouler dans le Vigueirat, le résidu de nos eaux d'arrosage.

Le sixième et le septième pourvoi (n°s 27,583 et 28,293), appartenant à la même série, sont formés contre la décision du 9 mai de la même année, portant, dans le même sens, approbation définitive de nos projets.

Sur tous ces points, les derniers avis formulés par Son Excellence le ministre des travaux publics, les derniers rapports de l'administration départementale, notamment ceux de M. l'ingénieur en chef Perrier, qui a succédé à M. de Montricher dans le département des Bouches-du-Rhône, ceux enfin de M. l'inspecteur général des ponts et chaussées, chargé des affaires de ce département, tendent à écarter absolument les prétentions de nos adversaires.

Dans cette situation, nous restons pleins de confiance dans les décisions à intervenir, et, en attendant, nous n'hésitons pas à dire que nous justifions l'intérêt qui s'est attaché jusqu'ici à la défense de nos droits en remplissant loyalement et jusqu'au bout les obligations de notre contrat, en dépit de tous ces obstacles, en dépit de ces tribulations sans fin.

A l'heure qu'il est, les deux grandes artères du Canal septentrional des Alpines, destinées à dériver de la Durance ensemble 12 mètres cubes 1/2 d'eau par seconde, pour l'irrigation de 30,000 hectares, dont le périmètre embrasse dix-neuf communes, seraient complétement ouvertes, s'il n'avait été apporté aucun retard dans l'approbation du projet relatif aux chaussées insubmersibles à construire le long de la Durance, suivant la réserve spéciale insérée dans la décision du 9 mai 1856 qui a approuvé nos projets. Sans cette cause de retard, qui, nous aimons à le dire, ne provient pas de nous, il nous aurait été donné d'achever, dès à présent, le grand œuvre que les États de Provence avaient entrepris en 1773, et qui, même antérieurement, avait été concédé aux ducs de Guise par arrêt du conseil du 4 novembre 1636; le grand œuvre dont le domaine de l'Etat avait possédé les premiers tronçons pendant plus d'un demi-siècle sans s'imposer la charge de son achèvement; le grand œuvre dont les communes et les propriétaires intéressés n'ont jamais osé aborder la continuation, et que deux compagnies ont été impuissantes à conduire à bonne fin.

Il n'est aucune entrave, il est vrai, qui ne nous ait été opposée, aucun sacrifice qui n'ait été requis de nous. Mais, quelques troubles qui nous aient assailli, quelques troubles qui puissent nous atteindre encore, il est en nous quelque chose qui ne chancellera jamais; et il nous restera, quoi qu'il advienne, la satisfaction de pouvoir dire à nos enfants :

Voilà ce qu'il en coûte pour faire le bien!

8036. — Paris, imprimerie Charles Jouaust, rue Saint-Honoré, 338.

N° 26,811.

CONSEIL D'ÉTAT

(SECTION DU CONTENTIEUX.)

CONCLUSIONS ADDITIONNELLES

POUR

La Compagnie COURTET

CONCESSIONNAIRE DE L'ACHÈVEMENT DE LA BRANCHE SEPTENTRIONALE DU CANAL DES ALPINES

CONTRE

M. DONNEAU, syndic de l'OEuvre générale

Aux conclusions principales et subsidiaires qu'elle avait déjà posées, la Compagnie exposante vient ajouter les conclusions ci-après :

Il n'a pas dépendu d'elle de choisir un autre moment pour poser ces conclusions nouvelles. C'est en effet lorsque déjà elle était informée, par lettres du secrétariat du Conseil du 19 février 1859, que les quatre affaires qui la concernent étaient portées au rôle du 25 février, qu'elle a reçu, aux dates des 22 et 23 du même mois, deux répliques des adversaires, à la suite desquelles elle a été prévenue que les affaires étaient rayées du rôle du 25; et même le 21 mars, il lui a été signifié une dernière production de M. Donneau. Le Conseil qui a consenti à tenir compte de conclusions nouvelles prises par M. Donneau, et à en faire l'objet d'un nouvel examen, après une première délibération de la section, ne voudra pas, sans doute, traiter d'une manière plus défavorable la Compagnie exposante, attaquée ainsi par des significations multipliées jusqu'à la veille des débats.

Il plaise au Conseil,

Dans le cas où il ne croirait pas devoir accueillir les conclusions antérieures de la Compagnie exposante;

1° Lui donner acte de sa déclaration formulée le 26 février 1855, par lettre à M. le Préfet des Bouches-du-Rhône, déclaration dans laquelle elle persiste encore aujourd'hui, et qui était conçue dans les termes suivants :

« Quant aux rapports définitifs qui, aux termes de l'article 6 de l'ordonnance du 11 avril « 1839, et *par suite des projets approuvés*, doivent être déterminés administrativement entre « la Compagnie et l'OEuvre générale, nous avons l'honneur de vous déclarer que nous adhé- « rons purement et simplement aux conditions suivant lesquelles ces rapports ont été préala- « blement réglés, sur les propositions de l'Administration elle-même, par deux délibérations de « l'OEuvre générale des abonnataires du 6 novembre 1826 et du 20 septembre 1835. »

2° Et, dans tous les cas, réserver la question de l'existence et de la portée du contrat qui, en toute hypothèse, serait résulté entre les parties de l'acceptation ainsi donnée, comme aussi réserver toute question de règlements administratifs qui pourraient intervenir pour déterminer leurs rapports.

Productions :

1° Lettre de M. le Préfet des Bouches-du-Rhône à M. Courtet, du 10 février 1855.
2° Réponse de M. Courtet, du 26 du même mois, contenant la déclaration qui précède.
3° Signification faite par M. Courtet à M. Donneau, le 27 juillet 1858 (avec deux procès-verbaux du mois de juin), ladite signification produite en réponse aux deux dernières pièces dont M. Donneau vient de signifier la production à la Compagnie exposante, le 21 mars 1859.

Lettre de M. le Préfet des Bouches-du-Rhône à M. Courtet.

Marseille, le 10 février 1855.

Monsieur,

Aux termes de l'ordonnance du 11 avril 1839, formant règlement d'administration publique, pour la concession de la branche septentrionale du canal des Alpines, cette branche doit s'alimenter, ou au moyen d'une prise distincte sur la Durance, ou par la prise de Mallemort alimentant le grand Canal des Alpines. Dans ce second cas, les rapports du concessionnaire avec l'Œuvre générale de Boisgelin doivent être déterminés administrativement, après avoir entendu les parties intéressées.

Vous n'avez point fait connaître encore les intentions de votre Compagnie sur la question de la prise, et il n'a été soumis à l'Administration aucun projet sur ce point important. Toutefois, et quel que soit le parti auquel la Compagnie s'arrêtera à cet égard, il est de toute impossibilité qu'elle soit en mesure, pour la prochaine campagne des arrosages, d'alimenter sa branche autrement que par le grand Canal de Mallemort. Il ne saurait être, non plus, qu'elle s'abstint de fournir de l'eau pour la présente année. L'intérêt public exige que les arrosages provisoires établis depuis 1849, au-delà du percé d'Orgon, ne soient point interrompus; et il y a d'ailleurs sur le parcours de la branche d'anciens concessionnaires d'eau, vis-à-vis desquels l'Etat avait contracté des obligations qui pèsent aujourd'hui sur la Compagnie concessionnaire.

L'emploi de la prise de Mallemort se trouvant ainsi forcé, pour la présente année, je vous prie, Monsieur, de me faire parvenir, sous forme de projet de règlement, vos propositions sur les rapports qui devront exister, quant à ce, entre votre Compagnie et l'Œuvre générale de Boisgelin.

Je demande de semblables propositions à l'Œuvre générale, et, en cas de dissidence, je statuerai, après avoir consulté les ingénieurs.

L'approche de l'époque des arrosages et les travaux préparatoires annuellement nécessaires pour assurer le service réclament une prompte décision. Vos propositions devront m'être parvenues au plus tard le 1er mars prochain.

Agréez, etc.

Le Préfet des Bouches-du-Rhône,
Signé : CRÈVECOEUR.

Réponse de M. Courtet à M. le Préfet des Bouches-du-Rhône.

Tarascon, le 26 février 1855.

Monsieur le Préfet,

Nous avons l'honneur de répondre à votre lettre du 10 de ce mois, relative aux rapports à établir pour les irrigations de la présente année, entre l'Œuvre générale du Canal des Alpines et la Compagnie concessionnaire de la branche septentrionale.

En premier lieu, Monsieur le Préfet, nous ne comprendrions pas qu'il fût adopté, pour la présente année, un système provisoire, attendu que *le mode à appliquer définitivement* est non seulement indiqué par les précédents, mais encore *rendu obligatoire* par l'approbation définitive du projet général des travaux, qui a eu lieu par décision ministérielle du 10-25 mars 1842, visée dans l'ordonnance royale du 13 décembre 1845, sur la présentation qui avait été faite dudit projet à la date du 18 février 1840, par application de l'article 5 de l'ordonnance du 11 avril 1839.

Ensuite nous vous prions d'observer qu'avant qu'il puisse être imposé à la Compagnie concessionnaire des charges ou des responsabilités quelconques *sur la portion anciennement exécutée depuis le pont Donneau jusqu'à la sortie du percé d'Orgon*, il est de toute justice que la Compagnie soit *saisie de la gestion et de la jouissance* de cette partie essentielle de sa concession, ainsi que des terrains et bâtiments qui en dépendent, comme l'ancienne Compagnie en fut saisie, aux termes du procès-verbal du 30 décembre 1841.

Ces deux conditions sont, à nos yeux, corrélatives et tout à fait indivisibles.

Quant aux rapports définitifs qui, aux termes de l'article 6 de l'ordonnance du 11 avril 1839, et *par suite des projets approuvés,* comme il vient d'être dit, doivent être déterminés administrativement entre la Compagnie et l'OEuvre générale, nous avons l'honneur de vous déclarer que

NOUS ADHÉRONS PUREMENT ET SIMPLEMENT AUX CONDITIONS SUIVANT LESQUELLES CES RAPPORTS ONT ÉTÉ PRÉALABLEMENT REGLÉS, SUR LES PROPOSITIONS DE L'ADMINISTRATION ELLE-MÊME, PAR DEUX DÉLIBÉRATIONS DE L'OEUVRE GENERALE DES ABONNATAIRES DU 6 NOVEMBRE 1826 ET DU 20 SEPTEMBRE 1838.

De sorte que, dès aujourd'hui, par le seul fait de notre présente déclaration, nous croyons pouvoir constater un accord unanimement exprimé sur la base de ces délibérations par l'Œuvre générale des abonnataires, par la Compagnie concessionnaire de la branche septentrionale, par la direction des Domaines, par la Direction générale des ponts et chaussées et par l'autorité administrative.

Les propositions que vous me faites l'honneur de me demander, *sous forme de projet de règlement*, ne sauraient donc être formulées autrement que par la reproduction textuelle de la délibération de l'Œuvre générale du 6 novembre 1826, telle qu'elle a été modifiée par délibération du 20 septembre 1838. Et nous ajoutons que cette solution s'accorde, non-seulement avec les intentions formelles qui ont dicté les termes de l'ordonnance de concession de 1839, mais qu'elle est *la plus favorable aux intérêts de l'Etat, la plus favorable à ceux de l'OEuvre générale, et la plus convenable pour la Compagnie concessionnaire,* qui trouve là une *position nette, rationnelle, équitable, légalement consacrée par tous les précédents.*

Nous joignons ici une note à l'appui de cette détermination.

Veuillez agréer, etc.

Les Concessionnaires du Canal des Alpines,

V. COURTET ET Cie.

Pour copie conforme :

PAUL FABRE.

8056. — Paris, imprimerie Charles Jouaust, rue Saint-Honoré, 338.